苏州大学国家级一流本科专业建设成果

视觉传达设计必修课

VISUAL COMMUNICATION DESIGN
COMPULSORY COURSE

机 构
品牌形象设计
INSTITUTION BRAND IMAGE DESIGN

杨朝辉　丛书主编
方　敏　丛书副主编
蒋　浩　赵武颖　赵志新　编著

·北京·

丛书委员会名单

丛书主编： 杨朝辉
丛书副主编： 方　敏
编委会成员： 蒋　浩　薛奕珂　赵武颖　赵志新　王　璨　石恒川
　　　　　　　张　磊　周倩倩　吕宇星　项天舒　郭子明　陈义文

内容简介

本书共分为六章，从机构品牌形象设计的基础知识入手，系统介绍了机构品牌形象设计的内涵、基本特征、基本原则、构成要素、设计流程等基本理论知识，并根据机构性质分为五大类：文化展演类、教育类、产品及服务销售类、非营利组织类和旅游景区类。书中结合大量优秀案例进行深度解读，总结出不同类型机构品牌的设计原则与设计特点，从而为设计实践提供理论参考和策略指导。

本书在机构品牌的类型划分与案例讲解等方面进行了大胆创新，可以作为广大设计爱好者、品牌设计师、广告设计师等的参考用书，也可作为高等院校艺术设计专业的教学用书。

图书在版编目（CIP）数据

机构品牌形象设计/蒋浩，赵武颖，赵志新编著—北京：化学工业出版社，2022.2
（视觉传达设计必修课/杨朝辉主编）
ISBN 978-7-122-40463-3

Ⅰ.①机… Ⅱ.①蒋…②赵…③赵… Ⅲ.①企业形象－品牌－视觉设计　Ⅳ.① F272-05

中国版本图书馆 CIP 数据核字（2022）第 001641 号

责任编辑：徐　娟　　文字编辑：谢晓馨　刘　璐　　版式设计：石恒川　蒋　浩
责任校对：宋　玮　　　　　　　　　　　　　　　　封面设计：侯　宇

出版发行：化学工业出版社（北京市东城区青年湖南街 13 号　邮政编码 100011）
印　　装：天津市银博印刷集团有限公司
787mm×1092mm　1/16　印张 11½　字数 250 千字　2022 年 8 月北京第 1 版第 1 次印刷

购书咨询：010-64518888　　　　　　　　　　　售后服务：010-64518899
购书网址：http://www.cip.com.cn

凡购买本书，如有缺损质量问题，本社销售中心负责调换。

定　　价：78.00 元　　　　　　　　　　　　　　　　　版权所有　违者必究

写在前面的话

设计，即解决问题的过程，人类改变原有事物，使其变化、增益、更新、发展的创造性活动，是构想和解决问题的过程，涉及人类一切有目的的创造活动。因此，我们将它视作为人类的基本特征之一。设计源于各种决定及选择，它是人类通过技术手段实现各种价值的方法论。

如今的中国艺术设计教育已然进入稳定发展的繁荣阶段，依托于互联网平台的便捷，我们得以轻松获得海内外的众多设计案例。丰富的资料使我们有足够的空间去思索，究竟有哪些内容可以成为有意义的课程教学目标。日新月异的技术革新使得人类社会飞速地进步，社会对于设计的需求已经不能停留在艺术性的创造上，设计应该更加贴近生活，把艺术高于生活的部分以更加合理的方式融入日常生活中。这样的愿景促使我们不能只把目光停留在琳琅满目的艺术形式上，还有更加明确且有针对性的目标需要我们去挖掘。

本丛书命名为"视觉传达设计必修课"，此次出版《产品品牌形象设计》《机构品牌形象设计》《广告设计》以及《信息可视化设计》四本。虽是"必修课"，但不完全是基础教学的内容。我们意在强调以培养符合当代中国社会需求的视觉传达设计人才为首要目标，并且为广大设计爱好者、需求者提供优秀可靠的理论参考与设计案例。从设计学的视角出发，本丛书延续了之前产品案例选择的规范与严谨，并根据时代主题、市场环境以及大众审美的需求，在适用于课程教学的基础上，提出更加具有针对性、实用性、趣味性、创新性的设计观点。我们始终致力于将完整的设计过程呈现给读者，不仅有对某个设计案例的分析，更有对社会变迁、时代更迭的思考与启示。授人以渔而非授人以鱼，我们希望通过还原设计原本的面貌，让人们将目光聚焦从设计的结果转移到设计的需求与过程中。

本丛书作为国家社科基金艺术学重大项目"中国品牌形象设计与国际化发展研究"的重要成果，将在技术引导信息突破国界的大环境中梳理科学有效的设计方法论。产品与机构是消费者接触最多的品牌形象，广告是推动品牌形象设计有效的路径，信息可视化设计是贯穿始终的核心方法论。因此，本丛书在对中国品牌形象的研究中扮演着极为重要的角色。不胜枚举的中国品牌形象为本丛书提供了丰富的案例支撑，国际化、数字化的品牌形象设计需求也为本丛书创造了更多有意义的课题方向与实践目标。

在苏州大学艺术学院给予的平台、学院领导的大力支持下，以及化学工业出版社领导和各位工作人员的倾力相助、各位编委的共同努力下，加上几位编著者的紧密协助，本丛书得以顺利出版。在此，向以上致力于推进中国设计教育事业的专家、同行们致以诚挚的敬意和感谢！本丛书的编纂环节历经了艰难辛苦的探索，书中难免有疏漏与不足，敬请广大读者批评指正，便于在以后的再版中改进和完善。

杨朝辉

2021 年 12 月

注：本丛书为国家社科基金艺术学重大项目"中国品牌形象设计与国际化发展研究"阶段性成果，苏州大学国家级一流本科专业建设成果。

目录 CONTENTS

第 1 章　机构品牌形象设计概述	001
1.1　机构品牌形象设计的内涵	001
1.2　机构品牌形象设计的基本特征	001
1.3　机构品牌形象设计的基本原则	002
1.4　机构品牌形象设计的构成要素	002
1.5　机构品牌形象设计的流程	002
1.6　机构品牌的不同类型及设计原则	003

第 2 章　文化展演类机构品牌形象设计　008

奔腾遗产博物馆｜
Benteng Heritage Museum　008

伯明翰设计节｜
Birmingham Design Festival　012

二十世纪博物馆｜Museo del Novecento　016

物质波博物馆｜Matter Wave Museum　018

圣艾蒂安歌剧院｜
Saint-Étienne Opera House　022

铸造厂艺术空间｜Foundry　026

壁画艺术公园｜Mural Art Park　028

梵高博物馆｜Van Gogh Museum　032

草间弥生美术馆｜
Yayoi Kusama Museum　036

文化展演类机构品牌形象设计思维发散　039

第 3 章　教育类机构品牌形象设计　040

FERS 教育基金会｜
Fondation Enterprise Réussite Scolaire　040

迈阿密广告学校｜Miami Ad School　042

悉尼创业学院｜
Sydney School of Entrepreneurship　046

威廉姆斯学院｜Williams College　050

DEC 教育公司｜DEC　054

啾啾双语幼儿园｜Peepkids　058

康姆学校｜Com School　062

阿韦诺学院｜Avenor College　066

方向教育｜Direction Education　070

里斯托萨文音乐学校｜Risto Savin　074

儿童中心｜Kids Central　078

ES 儿童英语教育机构｜
English State School　082

儿童湾早教机构｜Children's Cove　086

莫斯科当代艺术学院｜
Institute of Contemporary Art/Moscow　090

梅登学院｜Mayden Academy　094

奥林匹亚学校｜The Olympia Schools　098

卡考儿童教育｜Kakao Kids　102

教育类机构品牌形象设计思维发散　105

第 4 章　产品与服务销售类机构品牌形象设计　106

澳洲之声｜Hearing Australia　106

国家音乐治疗研究所｜
National Music Therapy Institute　108

沙特阿拉伯邮政与物流公司｜SPL　110

韩国大田大学附属韩医医院｜
Daejeon Han Hospital Affiliated to
Daejeon University　112

潘特绍索尔集团｜Punter Southall Group　116

挪威零售商环境基金会｜
Handelens Miljøfond　120

圣地亚哥动物园野生动物联盟｜
San Diego Zoo Wildlife Alliance　122

凯波士眼镜公司｜Kaibosh　126

红猫运动公司｜Red Cat Motion　130

西班牙电信公司｜Telefónica　134

王国公司｜Realm　138

八点钟睡眠公司｜Eight Sleep　140

推特｜Twitter　144

大胃城美食广场｜
Gastropolis Food Market　146

阿莫巴克旅行社｜Amoembarque　150

产品与服务销售类机构品牌形象设计思维发散　153

第 5 章　非营利组织类机构品牌形象设计　154

格鲁吉亚妇女慈善基金会｜
Georgian Women's Charitable Foundation　154

气候变化委员会｜
Climate Change Committee　156

瑞典手工业协会｜Hemslöjden　158

莫索利·奥顿基金会｜
The Mosoli Orton Foundation　160

全球儿童基金会｜Global Fund for Children　162

非营利组织类机构品牌形象设计思维发散　165

第 6 章　旅游景区类机构品牌形象设计　166

新横滨公园｜Shinyoko Park　166

德温特山谷｜Derwent Valley　170

列宁格勒动物园｜Leningradsky Zoo　174

旅游景区类机构品牌形象设计思维发散　177

参考文献　178

第 1 章　机构品牌形象设计概述

品牌是由文化艺术与商品全面结合发展而成的系统的感知需求，是满足人类对精神和物质极致追求的新消费形态。自商品经济发展以来，品牌早已超脱固定区域的范畴，成为产品与消费者之间沟通的桥梁。而消费者对于品牌的所有感知，即为品牌形象。

品牌形象设计是品牌理念、品牌个性、品牌文化、品牌情感属性及品牌其他信息的视觉表现。它利用品牌名称、标志、标准字、标准色这些视觉基本元素，通过具体项目应用，将品牌个性以富有创意的方式表达出来，赋予品牌"统一性"和"差异化"的特点，帮助品牌从众多竞争者中脱颖而出，实现品牌信息的有效传达。

在品牌国际化、一体化的大环境下，品牌形象设计也由以往形态上的平面化、静态化开始逐渐转向综合化、动态化。为了达到品牌传播的目标，设计师需要不断地寻找、挖掘并创造出最佳的视觉语言，以表现品牌的设计理念和艺术主张。

1.1　机构品牌形象设计的内涵

机构品牌形象是传播品牌的核心价值、建立品牌知名度的主要载体，是品牌内在精神的外在表现。机构品牌形象设计是品牌的脸面工程，它将品牌抽象的内容转化为可感知的视觉识别符号，通过多种应用形态对品牌理念进行形象化、直观化、有序化表达，依靠其强大的传播力与感染力，达到使消费者认知品牌，形成品牌印象的目的。

1.2　机构品牌形象设计的基本特征

机构品牌形象设计体现着品牌的深刻特性，它是品牌战略中的重要一环，如果将其与品牌的其他环节割裂开来，将无法体现品牌的深层内涵与典型特质。

机构品牌形象设计具有多方面的功能效用，可最大程度地帮助品牌方稳定或开拓商业市场边界，从而促进品牌无形资产的增值。识别功能作为机构品牌形象设计的基本功能，可以通过识别设计向消费者传达品牌的相关信息，以个性鲜明的品牌特征实现与竞争对手的区别，帮助品牌在同行业的竞争中凸显出来。此外，机构品牌的宣传推广也可以引起消费者的注意与记忆，帮助消费者建立对品牌的认同感。

1.3　机构品牌形象设计的基本原则

机构品牌形象设计的基本原则可以总结为：同一性、差异性、民族性、有效性、艺术性。

同一性指品牌形象设计的各个要素要以标准化、统一化的规范进行设计。

差异性指品牌形象必须突出行业及品牌特点，才能使其与竞争对手有效区分，有利于消费者识别及认同该品牌。

民族性是指品牌形象的塑造植根于民族文化，民族文化是品牌形象设计成功的根本驱动力。

有效性指企业经过策划与设计的品牌形象能够有效地被推广和应用。

艺术性指优秀的品牌形象设计应具有较强的美学价值。

1.4　机构品牌形象设计的构成要素

品牌形象设计主要包含三个方面：品牌基础识别系统设计、品牌应用识别系统设计和品牌终端设计。在设计的顺序方面，三者存在着先后关系。

品牌基础识别系统设计主要包括：企业名称、企业标志、企业造型、标准字、标准色、象征图案、宣传口号等。

品牌应用识别系统设计主要包括：产品造型、办公用品、企业环境、交通工具、服装服饰、广告媒体、招牌、包装系统、商务礼品、陈列展示以及印刷出版物等。

品牌终端设计主要包括：品牌形象推广设计、品牌终端商业空间设计。

品牌形象推广设计包括：品牌包装设计（内外包装、容器包装等）；品牌广告设计（平面广告、卖点广告、电视广告、网络广告等）；品牌网络识别设计（品牌网站形象设计、品牌Flash形象设计、E-mail版式设计等）；画册及样本设计。

品牌终端商业空间设计包括：商业空间环境视觉识别设计、品牌终端环境（专卖店、专柜）设计、展览及展示设计。

1.5　机构品牌形象设计的流程

塑造机构品牌形象的大致流程通常是这样的：企业通过品牌调研，以产品或服务的特点、消费者的内在需求、市场与竞争对手的状况等为依据，进行品牌定位，继而在品牌核心价值和品牌文化理念的指导下，确定品牌名称，展开品牌形象设计及各项终端设计，制定品牌传播方案，最终通过一定的传播方式，使品牌持有者所希望的品牌形象如期投射到目标消费者心目中，逐步树立起品牌形象。

简而言之,实施品牌形象设计的工作流程可以大体总结为:品牌调研;品牌定位;品牌名称设计;品牌形象设计;品牌传播与推广;品牌维系与保护。

1.6 机构品牌的不同类型及设计原则

机构品牌形象设计是品牌整体战略中的一个重要环节,要依据不同品牌的特质和品牌整体战略需要来进行,针对不同的品牌、不同的行业在设计内容上有所侧重、有所区别。机构品牌形象设计大体可分为以下几种类型。

1.6.1 文化展演类机构品牌形象设计

文化展演类机构是大众汲取精神营养的文化场所,包括艺术馆、博物馆等为公众提供知识、教育和作品欣赏的社会公共机构。

1.6.1.1 设计原则

文化展演类机构的艺术特征较为突出,具有强烈的文化和审美属性,更注重个性化的形式语言,其品牌形象设计的信息来源较为单一,干扰源较少。在设计元素提取上可以直接依据文化展演内容来确定视觉元素重点,与文化展演内容保持统一的调性。

文化展演类机构的活动主题时常更替,其品牌形象设计应考虑标志及辅助图形的灵活性和延展性,常通过组合图形的设计方法,在主题更替时变换图形表现的关键信息来达到使用目的。

文化展演类机构在进行品牌设计前通常已具有相关的视觉信息,设计师可从艺术家风格和建筑外观等方面建立表征元素信息库,提取核心视觉符号。基于文化展演内容的固有信息进行品牌设计,既展示了其个性化特征,又维系了品牌视觉系统的整体感。

文化展演类机构在品牌形象设计的应用系统中重视对印刷出版物的设计,尤其是宣传册、购物袋以及纪念书籍等。

1.6.1.2 设计特点

文化展演类机构品牌形象设计强调公众的文化体验性。
文化展演类机构品牌形象设计注重设计与环境的融合性。
文化展演类机构品牌形象设计凸显其主题的独特性,文化吸引力极强。

1.6.2 教育类机构品牌形象设计

教育类机构是进行各种教育工作的场所和教育管理机构。品牌形象设计是表现教育类机构整体形象的关键部分，是传播教育精神和教育理念的重要基础，是体现教育机构精神风貌和文化建设的主要载体。

1.6.2.1 设计原则

教育类机构品牌形象设计以学校文化为灵魂，建立在对学校历史沿革、教学理念及现实背景进行深入挖掘的基础之上。设计师应结合人文理念、历史背景和时代精神进行设计，注重表现品牌演变中一脉相承的内在文化精神。在设计过程中应准确而鲜明地体现学校品牌的核心文化、办学理念、共同愿景等，强调教育类机构品牌形象对学生成长发挥的引导、感召、渗透作用。教育类机构品牌形象应成为规范学校秩序的有力工具，使学生产生强烈的组织归属感、凝聚力和向心力。

设计教育类机构品牌形象要深刻理解和遵守"以人为本，因地制宜"的设计原则。不同层次、不同地域、不同类型的学校在塑造品牌形象方面都有很多共性的内容，但所采用的表达形式、设计语言、传达方式则应该根据学生所处的阶段和成长环境进行量化细分，将"以人为本，因地制宜"贯彻到每个细节。

如目标群体为儿童的教育机构，其学生处在认识、了解客观世界的初级启蒙阶段，因此品牌形象设计应注重儿童的认知发展规律和诉求，在品牌形象设计中要尽可能多地融入趣味化元素，调动儿童的好奇心理，吸引其目光。标准色应明亮、跳跃，符合儿童的情感活动和审美习惯。目标群体为中学生的教育机构，其品牌形象应在塑造性格、完善人格、处理人与人以及人与物的关系等方面做积极正确的引导。中学生的理解和联想能力有了较大的提高，在设计语言上可以采用相对抽象的设计元素和内涵深刻的色彩组合，为中学生创造更大的联想空间。目标群体为大学生的教育机构，其品牌形象在设计构思中题材更加广泛，表现形式更加丰富，创意更加自由，必须体现高文化品位、高人文内涵、高审美价值的特点。标准色的选择则偏向含蓄、内敛，具有人文意味，与大学所昭示的历史责任、治学精神相一致，还可以体现学科属性。

1.6.2.2 设计特点

教育类机构品牌形象设计贴合学生审美，依据学生所处的不同阶段进行针对性设计。
教育类机构品牌形象设计注重体现文化功能、凝聚功能。
教育类机构品牌形象设计多体现素质教育功能和信息传达功能。
教育类机构品牌形象设计重视品牌视觉形象对学生成长、发展的影响，具有引导、感召作用。

1.6.3 产品及服务销售类机构品牌形象设计

产品及服务销售类机构指提供有形及无形商品交易的机构。其品牌形象设计是树立企业形象、凝聚企业力量、提升企业竞争力的重要因素。作为区别于其他企业或机构的视觉图形，品牌形象发挥的作用不仅是形象识别，更多的是展示品牌鲜活的生命力和独一无二的魅力。

1.6.3.1 设计原则

设计师应立足于产品及服务销售类机构的企业文化和产品特征，塑造一个鲜明的品牌形象，正确、快速地传达品牌信息，与目标群体产生共鸣，进而潜移默化地将品牌概念引入消费者心中，逐步提升消费者的好感度和忠诚度。品牌形象对企业内部起到增强凝聚力、调动积极性的作用，实现企业内部团结才会焕发出巨大的活力。品牌形象对外的作用是塑造企业形象，取得公众信任，应围绕"一切为了公众"的宗旨展开设计。

对产品及服务销售类机构品牌形象的设计应当考虑品牌形象应用的广度，品牌形象频繁出现在企业的各类经营活动、广告宣传、文化建设、公益活动中，并通过标志符号刻画在消费者的脑海中。经过日积月累，使得消费者能够通过品牌形象联想到品牌产品及企业服务，从而将品牌与消费者有效地联系起来。

产品及服务销售类机构可分为提供有形产品和无形服务两类。

其一，主要提供有形产品的机构，其品牌形象设计通常从内涵上注重表现企业内部的凝聚力，外部则塑造诚实守信的品牌形象，以便激发员工的工作热情，提升工作效率，为产品推介提供强有力的信誉保障。其品牌形象设计在内容上以企业环境导视系统、办公用品、员工服饰、广告等为主。

其二，主要提供无形服务的机构，其品牌形象设计注重与受众的联系，具有亲和力。因此，在应用识别系统中常追求丰富的变化，也会运用卡通形象作为广告图形或象征物，以增加视觉形象的亲切感。

交通、通信与物流类服务机构，其品牌形象设计的特点是简洁明快，追求品牌信息能被快速识别和易于记忆，其设计要求是品牌形象具有极高的统一性、规范性和通用性。

提供医疗服务的机构在建立品牌形象视觉系统时应当形成稳定的视觉形象，给公众留下深刻的印象。只有独具特色的形象，才能与其他医疗机构明显区别开来，从而提高患者对本机构的忠诚度和信任度，增强医疗机构在医疗市场中的竞争力。

1.6.3.2 设计特点

有历史积淀的企业在进行品牌形象更迭时，会保留品牌文化的特征。

初创企业注重强化差异性竞争优势，以提升品牌形象的识别度。

产品及服务销售类机构的品牌形象设计，追求品牌信息能被快速识别和易于记忆。

1.6.4 非营利组织类机构品牌形象设计

非营利组织类机构是不以营利为目的的组织，通常用来支持或处理公众广泛关注的事务。

其品牌形象设计较为特殊，很少用于商业推广，更重视其社会价值。

1.6.4.1 设计原则

多数非营利组织类机构创立之初更注重理念性的建设，品牌意识较弱，构建品牌形象方面有所欠缺。非营利组织类机构主要分为以下三种类型。

其一，社会服务类机构。社会服务类机构品牌形象的演变与创新将影响社会服务机构发展的稳定性和长久性。因此，设计师应立足于机构性质，充分了解目标群体的心理需求，设计应基于受众的实际需要及市场规范来进行相对应的视觉形象设计。

其二，科研类机构。科研类机构普遍具有明确的研究方向和任务，因此其视觉形象需具备专业性和学术性的特征。除了需要拓展软实力和硬实力外，还要拓展形象力，进而促进同其他科研机构和商业伙伴间的沟通。

其三，慈善类机构。慈善类机构的品牌形象设计是体现慈善机构内涵的视觉符号代表，其品牌形象应具有鲜明的个性特征，以激发公众的内心感知，引发公众对慈善事业的关注为目标。慈善类机构的品牌形象设计可适当加入以人文关怀为要素的设计符号，其形象设计应当有温度且富有同理心。

1.6.4.2 设计特点

非营利组织类机构品牌形象设计注重提升品牌的公信力。
非营利组织类机构品牌形象设计体现极强的专业性与学术性。
非营利组织类机构品牌形象设计强调激发公众的同理心，引发公众关注。

1.6.5 旅游景区类机构品牌形象设计

旅游景区类机构是指具有特定景观或开展特定活动，经营各类旅游景点的机构。其品牌形象设计在塑造旅游品牌中起着十分关键的作用。游客通过其品牌形象的视觉设计，能够迅速地了解旅游景区的信息，并且对这些信息形成长久记忆。

1.6.5.1 设计原则

旅游景区类机构在发展过程中需要借助特有的品牌视觉形象使受众产生独特的记忆点，旅游景区类机构品牌形象通过图形、色彩、文字等设计要素，借助不同的传播途径，使景区名片得以输出，使得景区在旅游产业的竞争中吸引更多游客的视线，进而推动旅游业的发展。

在设计旅游景区类机构品牌形象时，要注重突出景区特色，在设计时融入具有景区特点的元素，使游客将此元素与旅游目的地相关联，增加旅游景区的受欢迎程度。

旅游景区类机构品牌形象设计相较于其他类别的品牌形象设计更注重导视系统的设计。出色的导视系统可以凸显景区特色，能对环境区域进行划分和管理，也可以用来填补景区的景观空白。如缺少整体形象把握及各系统之间的联系，旅游景区类机构品牌形象的应用就容易出现混乱，无法让游客在观光游览时形成整体印象，导致旅游体验下降。应当通过用系统的方法审视和挖掘旅游风景区当地人文风俗与地域文化中特有的基础元素，并规范地应用于品牌的整体视觉形象中，最大限度地将景区特色展现给游人，以大大增强游人对旅游景区类机构品牌的认同感及信任感，更好地展现旅游景区特有的魅力。同时，当今社会已经进入数字化时代，新的信息传播载体不断涌现。旅游景区类机构品牌视觉形象更适用于各类新载体，使消费者产生视觉记忆，提高其对旅游景区品牌的忠诚度，借此提升品牌附加值和影响力，促进旅游景区信息的广泛传播。

1.6.5.2 设计特点

旅游景区类机构品牌形象设计以凸显景区特色为重点。

旅游景区类机构品牌形象设计注重表现地域性特点，包括人文地理及环境特征。

第 2 章 文化展演类机构品牌形象设计

奔腾遗产博物馆 | Benteng Heritage Museum

国家：印度尼西亚

机构类型：文化展演类

奔腾遗产博物馆（Benteng Heritage Museum）是印度尼西亚第一家土生华人文化博物馆，位于唐格朗（Tangerang）——土生华人在印度尼西亚的起源地之一，融合了本土努桑塔拉（Nusantara）文化和中国文化。土生华人是15世纪初中国移民和东南亚土著马来人结婚后所生的后代。

该博物馆的标志旨在表达印度尼西亚文化的包容性，希望在多样的文化背景下彰显出独特的价值，同时能够提升该博物馆作为国家展馆的形象。因此，设计团队将"包容性"和"庆典氛围"作为视觉系统的主要设计方向。标志由龙和水两种元素构成，其中，龙的形象来自岛上传统龙舞中的长龙木偶。龙头下装饰以水元素，意在向唐格朗地区的西沙丹河（Cisadane River）致敬。当年郑和航海至此，并推动了中华文化在印度尼西亚地区的传播和发展。龙和水的结合，完美体现了土生华人的文化包容性。整个视觉系统采用了较为传统的配色，符合博物馆具有深厚历史底蕴的形象定位。橘红色和湖绿色的运用将大胆、喜庆、活泼的精神融入视觉系统中，整体的暖色调也能够贴合设计方案想表达的"庆典氛围"。

辅助元素包括两方面内容：一是主标志延展制作的动态长龙图形，能够保持视觉系统的整体性；二是博物馆中具有悠久历史的浮雕花纹图案，提炼其视觉元素并运用插画的形式设计出图案。将视觉元素与陶瓷碎片图形进行组合，一方面能够代表博物馆的形象，另一方面陶瓷碎片的组合就如同多样的文化在该博物馆汇集，呼应博物馆想要表达的文化包容性主题。此设计方案创建了一个既有民族特色又符合现代审美的视觉系统，塑造了一个优质的博物馆品牌形象。

图 2-1 标志设计

图 2-2 图形的应用

图 2-3　标志设计元素与色彩提取 1

图 2-4　标志设计元素与色彩提取 2

图 2-5　图案设计 1

图 2-6　图案设计 2

图 2-7　博物馆内部设计

图2-8　标志在印章中的应用

图2-9　标志在T恤中的应用

图2-10　辅助图形在笔记本中的应用

图2-11　标志与辅助图形在宣传册中的应用1

图2-12　标志与辅助图形在宣传册中的应用2

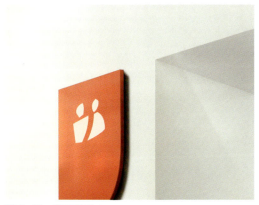

图 2-13　导视设计 1

图 2-14　导视设计 2

图 2-15　应用程序界面设计

图 2-16　标志在徽章中的应用

图 2-17　文化墙设计

伯明翰设计节 | Birmingham Design Festival

国家：英国

机构类型：文化展演类

伯明翰设计节（Birmingham Design Festival）于2018年6月正式启动，这是针对英国第二大城市伯明翰（Birmingham）及其周边地区的设计行业举行的庆祝活动。伯明翰是欧洲举足轻重的工业和商业中心，曾是世界上最大的金属加工地，有"世界工厂""千年贸易之城"之称，悠长的工业历史为其品牌形象设计提供了明确的方向。

伯明翰设计节每年会设定一个主题，活动会围绕该主题进行策划。标志是一个锚的图形，灵感来源于18世纪末伯明翰银器鉴定所的锚状标记，代表其高水平的金属加工工艺。

由于伯明翰设计节每年的主题都不同，因此设计师设计了一个系统的、可以不断演变的系列图形，这一系列的图形设计包括字母、数字和符号。字母名称是从Birmingham中提取"BHAM"，从Design Festival中提取"DSGNFEST"，数字为年份，符号则代表主题。自1838年以来，随着城市的发展变迁，"前进"成为该城市的代名词，2018年的设计节就围绕这一主题进行设计，向右的三角形符号代表"前进"。这些元素组合搭配形成不同的版式结构，可应用于各类延伸产品中。

色彩灵感来自伯明翰盾徽，选用蓝色和灰色作为核心配色。辅助颜色选择互补的红、黄、绿三种颜色，使之充满活力，与设计节"前进"的主题紧密结合。在字体选择方面，主要字体采用了Noe Display字体，参考了伯明翰的工业遗产，具有轮廓分明的特点；文字标志使用Cornelia字体，与伯明翰许多旧工厂和仓库标牌相似；同时选用Baskerville字体向伯明翰著名的字体设计师约翰·巴斯克维尔（John Baskerville）致敬。此设计方案整体风格一致，字体、颜色以及符号具有统一性，能够灵活地进行设计和编排。

图 2-18　标志设计

图 2-19　图形设计

图 2-20　标志在鸭舌帽中的应用

图 2-21　标志在背包中的应用

图 2-22　标志在T恤中的应用

图 2-23　标志在帆布包中的应用

图 2-24　标志与辅助图形在帆布包中的应用

图 2-25　标志与辅助图形在徽章中的应用

图 2-26　标志与辅助图形在笔记本中的应用

图 2-27　标志在水杯中的应用

图 2-28　标志与辅助图形在包装设计中的应用

图 2-29　标志在书籍中的应用

图 2-30　标志在宣传册中的应用

图 2-31　标志在包装设计中的应用

图 2-32　图形在名片中的应用

图 2-33　专著的内页设计 1

图 2-34　专著的内页设计 2

二十世纪博物馆 | Museo del Novecento

国家：意大利
机构类型：文化展演类

二十世纪博物馆（Museo del Novecento）位于意大利米兰，是一所汇集现代艺术和当代艺术的美术博物馆。该博物馆于2010年12月开业，收藏了20世纪大量的意大利艺术作品。

二十世纪博物馆的策划人计划将20世纪的几个艺术运动作为月刊主题，以10年为一个周期，每期月刊的主题都将通过这一时期最重要的艺术运动进行表现。月刊的系列标志通过统一的设计手法表现，由月份和年代组成，其设计灵感源于每个时期主导的艺术运动。

艾丽丝·多纳多尼（Alice Donadoni）是一名生活在伦敦的平面设计师和插画师，同时也是米兰二十世博物馆项目的幕后策划者。艾丽丝·多纳多尼受委托创作20世纪前30年艺术运动月刊的整体造型。她从20世纪初的立体主义、20世纪10年代的未来主义以及20年代的意大利形而上学艺术这三次运动的美术代表作品中提取色彩和符号，为每期月刊设计了个性化排版和图案，创造了一个不断变化的品牌形象。

图 2-35　标志设计

图 2-36　图形设计

图 2-37　标志与辅助图形在 20 世纪初月刊中的应用

图 2-38　标志与辅助图形在 20 世纪 10 年代月刊中的应用

图 2-39　标志与辅助图形在 20 世纪 20 年代月刊中的应用

图 2-40　20 世纪初的月刊　　　　　　　　　　　图 2-41　20 世纪 10 年代的月刊

物质波博物馆 | Matter Wave Museum

获取动态案例

国家：美国

机构类型：文化展演类

物质波博物馆（Matter Wave Museum）是美国一个虚拟的科学博物馆。该博物馆的品牌形象设计对外界宣传了神秘的量子力学，吸引人们探索物质波的未知世界。物质波理论全称为"德布罗意物质波理论"，是法国物理学家德布罗意在爱因斯坦光量子理论和玻尔原子论的启发下提出的，物质波理论的提出开创了现代量子力学时代。

物质波博物馆的标志是一连串动态的圆点，象征粒子的波动性。馆名"Matter Wave Museum"也随着圆点流动，充满了趣味感，同时辅助图形将圆点进行组合设计，应用于多媒体传播与衍生品中。整个视觉系统采用了偏冷色的蓝色系，体现出科学的神秘性，符合整体的品牌形象定位。

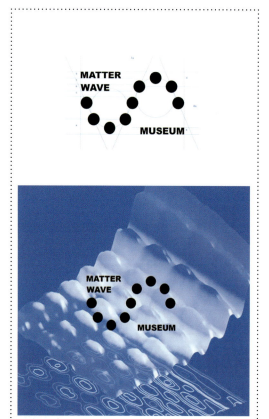

图 2-42　标志设计

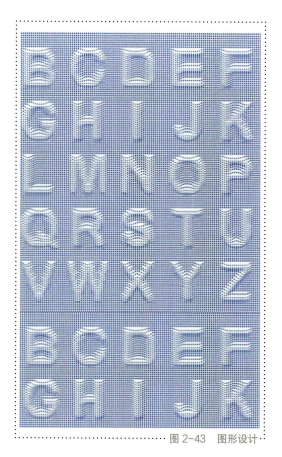

图 2-43　图形设计

图 2-44　网页设计

图 2-45　博物馆宣传册设计

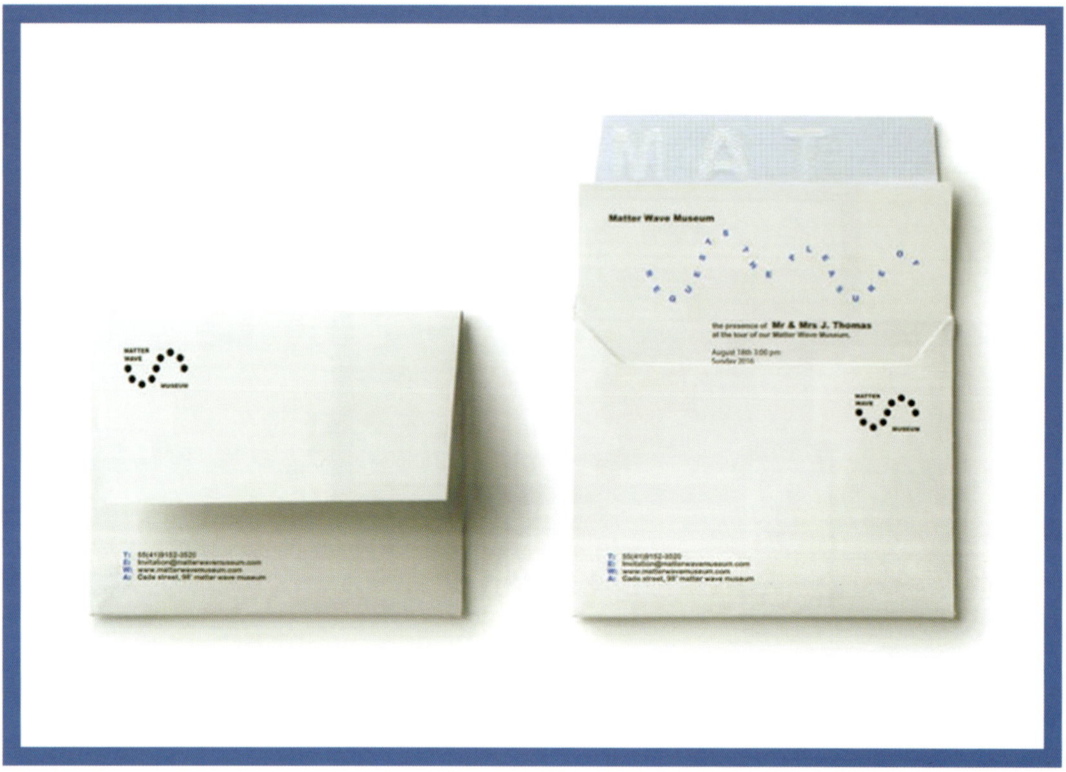

图 2-46　标志与辅助图形在信封中的应用

图 2-47　海报设计

图 2-48　标志与辅助图形在办公用品中的应用 1

图 2-49　标志与辅助图形在办公用品中的应用 2

圣艾蒂安歌剧院 | Saint-Étienne Opera House

国家：法国

机构类型：文化展演类

圣艾蒂安歌剧院（Saint-Étienne Opera House）是一座具有重要文化意义的地标性建筑，该建筑作为开展城市文化活动的场所，一直被人们视为城市精神的象征。

歌剧院标志包含一个风格鲜明的建筑符号——屋顶，标志中的圆形代表着该大厅为观众提供非凡的音响效果。在标志中"E"的顶部，标注重音符号，重音通过增加声音的强度来强调音节。"O"象征一种强烈的情感，如惊讶、钦佩、喜悦等，其形状让人想起歌剧院演员在歌唱咏叹调的模样。

在歌剧中，音乐和舞蹈通过身体动态紧密相连。歌剧是身体的表演，也是音符的律动，或者是这两种艺术形式相互引发的共鸣。这个标志的创意灵感来自字母"O"和口型之间的联系，这就是歌剧的魔力。

为了迎接全新的歌剧院形象，设计团队为歌剧院策划了宣传活动。他们在歌剧院内部组织了一次摄影活动，四分之三的工作人员自愿参加了这一活动。照片中参与人员的脸上露出各式各样的表情，他们希望好奇的观众可以被他们展露出的表情吸引。

图 2-50　标志设计

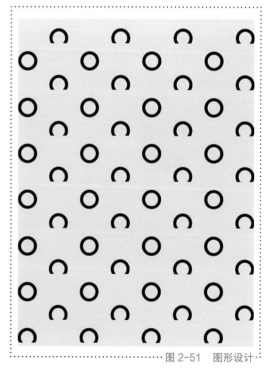

图 2-51　图形设计

图 2-52　辅助图形在歌剧院外景与内景的应用

图 2-53　户外广告

图 2-54　海报设计

图 2-55　摄影照片在宣传册中的应用 1

图 2-56　摄影照片在宣传册中的应用 2

图 2-57　摄影照片在宣传册中的应用 3

图 2-58　摄影照片在宣传册中的应用 4

图 2-59　表情照片的拍摄

图 2-60　标志与辅助图形在宣传册中的应用

图 2-61　标志与摄影照片在宣传册中的应用 1

图 2-62　标志与摄影照片在宣传册中的应用 2

图 2-63　标志与摄影照片在宣传册中的应用 3

图 2-64　标志与摄影照片在笔记本中的应用

铸造厂艺术空间丨Foundry

国家：阿联酋
机构类型：文化展演类

铸造厂艺术空间（Foundry）是一个以野蛮主义建筑为灵感进行设计的艺术空间，用来展示阿联酋的当代艺术品，并且定期与艺术家进行展览合作，对艺术家的设计作品进行售卖。

铸造厂艺术空间的品牌视觉形象围绕着"F"进行设计，品牌标志具有工业设计风格且符合野蛮主义美学的特征。标志设计基于透视的概念，站在二维视角将"F"的三维视图进行扁平化表达，设计出二维和三维的图形，呈现出极简的设计风格，反映了其独特的艺术形式。

野蛮主义建筑通常由重复的模块化元素组成，并通过在表面浇筑粗糙的混凝土来显示建筑本身的结构特征，呈现棱角分明的几何形状，因此在一定程度上可以认为此类建筑是极简设计的延伸。作为设计符号遍布于空间各个角落的辅助图形，也呈现野蛮主义建筑重复化的特色。阶梯的形状与视觉形象完美地匹配在一起，同时也被广泛地应用在空间的宣传海报、展板以及线上网站与小程序中。

图 2-65　标志设计

图 2-66　图形设计

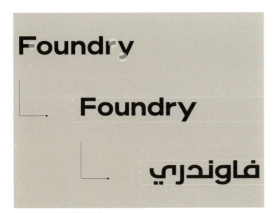

图 2-67　字体设计

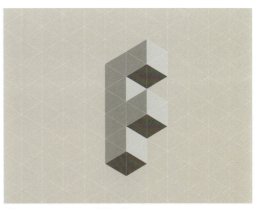

图 2-68　标志的三维化制作

图 2-69　标志的应用

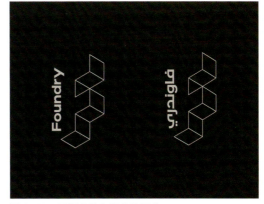

图 2-70　不同字体与标志的组合

图 2-71　海报设计

壁画艺术公园 | Mural Art Park

获取动态案例

国家：美国

机构类型：文化展演类

壁画艺术公园（Mural Art Park）位于美国得克萨斯州的弗里斯科市，是美国最大的户外艺术博物馆之一，世界顶级的壁画家在1万平方米的场地上创造出优秀的壁画作品供全世界参观欣赏。

标志设计将字母"M"作为图形基础，"M"右侧的线被延伸成一个面，象征着壁画艺术公园是一张灵活的"画布"，可以承载丰富多样的壁画创作。当"M"作为标志应用时，"M"右侧可书写该机构的全称；作为信息载体时，可以根据信息内容的多少延展成不同长度。这一功用从标志延伸到名片、包装、活动邀请函、横幅、徽章和海报上。可以随意延展的"画布"成为信息传达的基础，被当作内容交流的载体。这张"画布"通过折叠，与不同比例大小的文字图案配合，形成错落有致的艺术感。在颜色选择方面，根据壁画的配色特点，多选择高饱和度、高明度、高纯度的色彩，配色鲜艳丰富，十分醒目。

标志"M"巧妙的延伸方式不仅运用于平面设计上，还扩展到了公园内部空间中，由"M"延展出的白墙空间，与壁画鲜艳的色彩形成对比，成为壁画艺术公园的一大特色。此设计方案通过创造一种新的空间形式来探索和展示艺术，灵活多变的标志与丰富多彩的壁画协调统一、相互配合，展现出该公园的核心理念。

图 2-72　标志设计

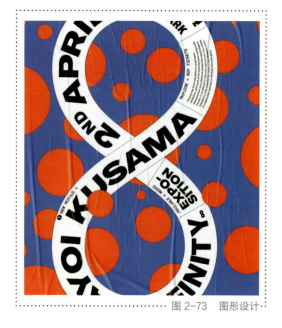

图 2-73　图形设计

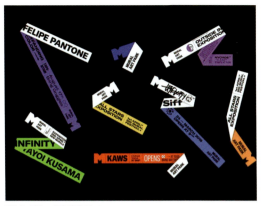

图 2-74 门票设计 1

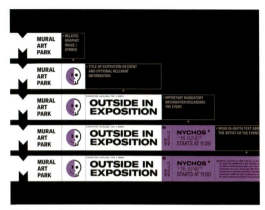

图 2-75 门票设计 2

图 2-76 字体与墙绘的结合

图 2-77 海报设计

图 2-78　标志在墙体的应用 1

图 2-79　标志在墙体的应用 2

图 2-80　导视设计 1

图 2-81　导视设计 2

图 2-82　入口处设计

图 2-83　墙绘作品 1

图 2-84　墙绘作品 2

梵高博物馆 | Van Gogh Museum

国家：荷兰
机构类型：文化展演类

梵高博物馆（Van Gogh Museum）建于1973年，位于荷兰阿姆斯特丹。馆藏梵高黄金时期珍贵的200幅画作，占其作品的四分之一左右，其中最知名的应属名画《麦田上的鸦群》与《向日葵》。梵高美术馆每年吸引全球各地数百万的参观者，是荷兰参观人数最多的博物馆，在世界范围内也名列前茅。

梵高博物馆的视觉形象由荷兰当地的科威特邮局（Koeweiden Postma）设计，标志的外观是正方形形态，灵感来源于该馆的里特维尔德式建筑，简洁的外形像一个印章，如同梵高本人创造的艺术作品一样单纯隽永。辅助图形选用梵高作品中最具代表性的视觉元素来表现，例如充满特色的漩涡状笔触，以及梵高在绘画后期常用的黄色及蓝色，其应用效果呈现出一种既特别又清晰干净的视觉效果。

在视觉形象设计应用中，衍生产品引用了梵高书信中的一些句子进行设计，参观者通过梵高生前的书信能够更加深入地了解其艺术表达内涵。梵高博物馆的品牌形象在传达一个故事，如"绘画对于我来说就像是一场梦""我在绘画中希望能传达出一种让人慰藉的东西，就像音乐一样"等，通过设计来营造情景氛围，帮助观者产生情感共鸣。

图2-85　标志设计

图2-86　图形设计

图 2-87　标志在宣传册中的应用

图 2-88　辅助图形在宣传册中的应用

图 2-89　辅助图形与辅助色

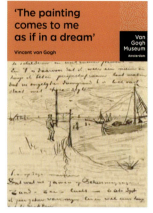
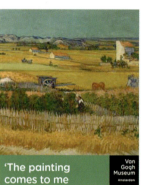

图 2-90　衍生创意图形设计　　　　　　　　　　　　　　图 2-91　海报设计 1

图 2-92　海报设计 2

图 2-93 手提袋设计

图 2-94 梵高博物馆外观 1

图 2-95 梵高博物馆外观 2

草间弥生美术馆 | Yayoi Kusama Museum

国家：日本

机构类型：文化展演类

草间弥生美术馆（Yayoi Kusama Museum）是展示美术作品的私人美术馆，全世界只此一家。草间弥生美术馆的视觉形象设计，主要包括主视觉设计及其延伸应用、美术馆的字体符号设计、导视设计及主视觉衍生的周边设计（工作人员制服、购物袋等）4个部分。

草间弥生美术馆的主视觉设计及其延伸应用以艺术家草间弥生的亲笔签名以及代表其作品特色的圆点为设计灵感，将元素抽象化表达，使平面呈现更加广阔的立体感，强调设计作品的可复制性。美术馆的字体符号及导视系统的设计灵感同样来自艺术家草间弥生的亲笔签名，配合指示性的图形，使参观者能直观地理解单向行进路线，方便其参观馆内各处。

周边产品充分利用艺术家草间弥生的作品要素，将其应用于美术馆原创商品的包装以及工作人员的服装等。例如点状的透明购物袋，当消费者在购物袋中放入不同物品时，便展现出不同的底色背景，意在使消费者与草间弥生共同完成一幅作品。除此之外，设计师还制作了宣传册、名片、信封和开馆纪念书籍。开馆纪念书籍的封面采用具有特殊质感的材料，将作品粘贴到粗糙的纹理材料上，并在黑色和银色上进行冲压。

设计师尊重草间弥生的创作理念，采用草间弥生作品中的元素，用心设计馆中的每个细节，使参观者沉浸在草间弥生的作品中，无论是字体设计还是馆中符号的设计，都完美体现了草间弥生的创作特色。

图2-96　标志设计

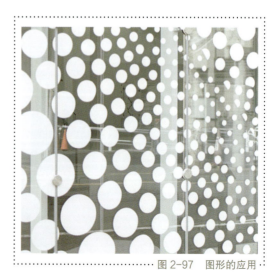

图2-97　图形的应用

图 2-98　辅助图形在明信片中的应用

图 2-99　辅助图形在信封中的应用

图 2-100　辅助图形在透明手提袋中的应用 1

图 2-101　辅助图形在透明手提袋中的应用 2

图 2-102　辅助图形在场景中的应用

图 2-103　开馆纪念展书籍设计 1

图 2-104　开馆纪念展书籍设计 2

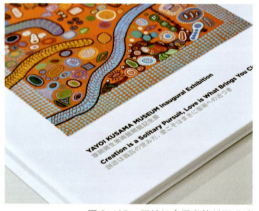

图 2-105　开馆纪念展书籍封面设计

图 2-106　开馆纪念展书籍书脊设计

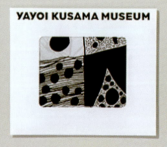

图 2-107　草间弥生作品

文化展演类机构
品牌形象设计思维发散

1. 户外文化展演类的品牌形象设计如何与环境因素相呼应？

2. 设计节日活动类品牌形象应如何提取文化特征与地域元素？

3. 需要定期更换主题内容的展演活动如何设计统一的标志？

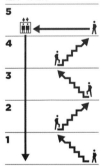

图 2-108　导视设计

获取完整案例

第 3 章　教育类机构品牌形象设计

FERS 教育基金会丨Fondation Enterprise Réussite Scolaire

国家：法国

机构类型：教育类

FERS教育基金会（Fondation Enterprise Réussite Scolaire）于1990年在法国里昂市创立，得到罗讷河国家教育局的支持，具有促进当代世界经济、技术和文化交流的作用。该教育基金会的目标是"让学习更具意义，拓宽孩子视野，给予孩子信心"。

FERS教育基金会标志是由花朵变形形成的蝴蝶形象，花朵寓意"让孩子茁壮成长"，每个花瓣代表基金会的一个组成部分，分别为儿童、父母、教师和教育专家，基金会旨在通过结合这四部分促进儿童的发展。蝴蝶蕴含了基金会对孩子们的期许：

"我们希望花朵像蝴蝶一样飞翔，给这朵小花'插上翅膀'，赋予它获得自由以及超越自我的能力。"

根据FERS教育基金会的品牌理念，标志是由代表着成长的花朵与代表着飞翔的风车组成的，寓意希望的蝴蝶。从图形上看，以半圆形为基本元素，经过排列组成了花朵和风车，两者结合形成最终的蝴蝶形状，赋予标志生机和活力。几何图形和四种颜色之间的互动使标志更加简洁鲜明。辅助图形是由标志延伸而来，整组视觉图形既生动活泼又契合主题。

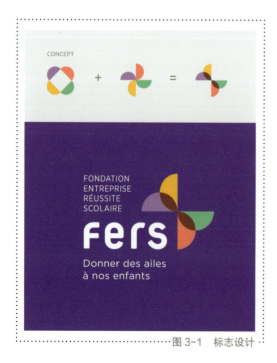

图 3-1　标志设计

图 3-2　图形设计

图 3-3　标志在宣传册中的应用 1

图 3-4　标志在宣传册中的应用 2

图 3-5　标志在门店中的应用

图 3-6　版式设计

图 3-7　网页设计

图 3-8　标志在办公用品中的应用

迈阿密广告学校 | Miami Ad School

国家：美国
机构类型：教育类

迈阿密广告学校（Miami Ad School）成立于1993年，总部位于美国佛罗里达州迈阿密，该学校在全球拥有15所分校，其中4所在美国。该学校的独特之处在于教师几乎都是全职的实践专业人员，其教学方法是通过实践训练来提升学生的专业技能。

设计团队以字母"M"作为主体为学校的不同分校及部门设计了系列标志。"M"的设计大胆活泼，并根据不同的设计需要在主标志的不同位置添加一个不同颜色的圆形作为辅助元素，动态变换的"M"与各色圆形的结合运用使整体设计变得更加灵动。

标志中不停变换的元素都有它自己的生命和意义。"M"代表着学校，而围绕其周围的圆点则可以看作是来自世界不同地区的学生。简单而没有任何杂质的色彩，象征着学校对艺术的纯粹追求。圆形有助于平衡不同的版式，也代表了学校包罗万象、低调丰富的内涵。

该视觉系统虽然只做了一些简单应用，但它们给人的印象十分深刻。此次视觉形象的更新，为该学校注入了全新的活力，简洁而独特的标志，让迈阿密广告学校在众多的学校中独树一帜。

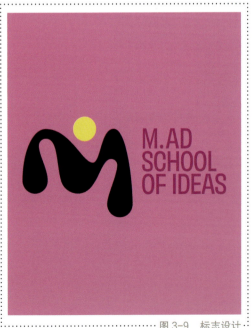

图3-9　标志设计

图3-10　图形设计

图 3-11　字体设计

图 3-12　标志的应用

图 3-13　标志在书籍中的应用

图 3-14　海报设计 1

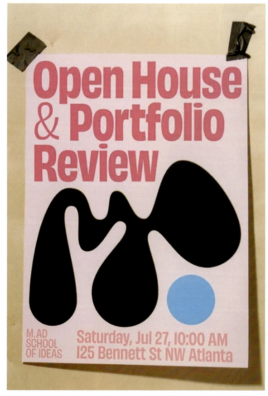

图 3-15　海报设计 2

图 3-16　标志在场景中的应用

图 3-17 标志在导视与场景中的应用

图 3-18 标志在服饰中的应用

图 3-19 标志在帆布包中的应用

悉尼创业学院 | Sydney School of Entrepreneurship

国家：澳大利亚

机构类型：教育类

澳大利亚新南威尔士职业技术教育学院（TAFE NSW）与新南威尔士州11所大学创建了一个新的合作项目——悉尼创业学院（Sydney School of Entrepreneurship），旨在帮助对创业感兴趣的学生，于2016年底逐渐开始运营。

悉尼创业学院定义了新的教育模式：从新南威尔士州的11所大学和TAFE NSW招聘有创业意向的优秀学生，将他们聚集在悉尼市中心的一个全新创业园区进行集中培训。

该品牌形象设计的宗旨是展示学生充满活力的状态以及学校不断发展的趋势。设计团队创建了一个可以定制标志、字体的生成器，该生成器可以根据学生的性格特征为其创建专属的个人标志。生成器中的几何元素取自校内的建筑符号，点、线、面的灵活运用使该设计格外出彩。

设计团队为该品牌建立了一个数据库，包括标志数据、校内活动数据以及新南威尔士州不断变化的经济数据。新的品牌形象有效地传达出学生的个性，且可以通过实时变化的标志反映学校内的活动，既形成了学校独特的视觉形象，也展示了学校未来的发展趋势。

图3-20 标志设计

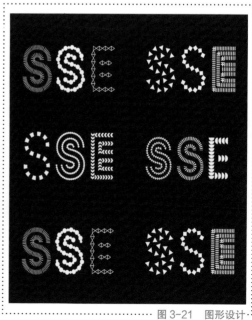

图3-21 图形设计

TOOLKIT

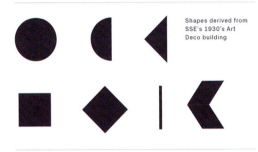

图 3-22　数据汇总

图 3-23　动态生成器 1　　　　　　　　　图 3-24　动态生成器 2

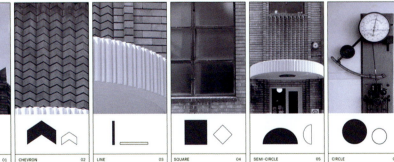

图 3-25　辅助图形的提取

第 3 章　教育类机构品牌形象设计

图 3-26　网页设计 1

图 3-27　网页设计 2

图 3-28　标志在名片中的应用 1

图 3-29　标志在名片中的应用 2

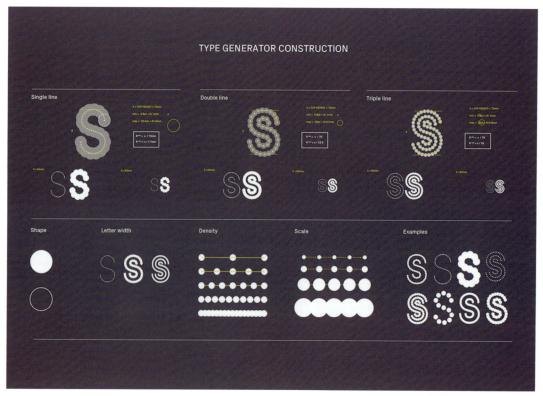

图 3-30　品牌标志设计规则

图 3-31 辅助图形在帆布包上的应用

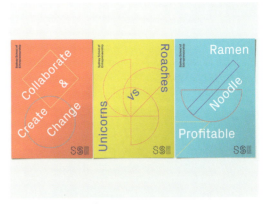

图 3-32 海报设计 1

图 3-33 海报设计 2

图 3-34 辅助图形在 T 恤中的应用

图 3-35 标志与辅助图形在徽章中的应用

威廉姆斯学院丨Williams College

国家：美国
机构类型：教育类

威廉姆斯学院（Williams College）创立于1793年，是一所位于美国马萨诸塞州威廉斯敦的文理学院。在《美国新闻与世界报道》发布的美国最佳文理学院排名中，该学院连续15年位居全美第一。为顺应时代的发展，该学院推出了由Order（条理）工作室设计的全新视觉形象。该学院的旧标志使用Eph Serif系列衬线字体，排版通用性强，但缺少记忆点。因此，设计团队对原有字体进行改进，创建了三组更大胆、更具创意的字体。这三组字体各具特色，展示了该学院现代、友好、活泼的一面。

该学院的吉祥物是一头紫色的奶牛——Ephelia（埃菲利亚），设计团队根据品牌整体风格对此形象进行优化升级。通过提炼与创新，新的形象不再是单一的图形，而是一组拥有丰富表情和动态的视觉形象，奶牛身上的斑点图案被纳入辅助图形中，让庄严的学校形象变得亲近可人，具有生命力。

整个视觉系统由经典的紫色与金色构成：紫色是学院的官方颜色，代表着沉稳、神秘，符合学院不断探索的精神；金色体现着权威性与专业性，代表学院具有优质的教育水平。

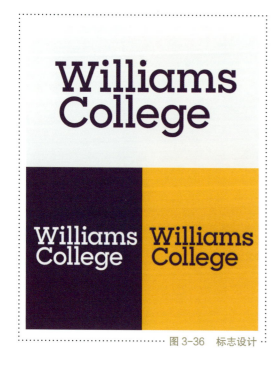

图 3-36　标志设计

图 3-37　图形设计

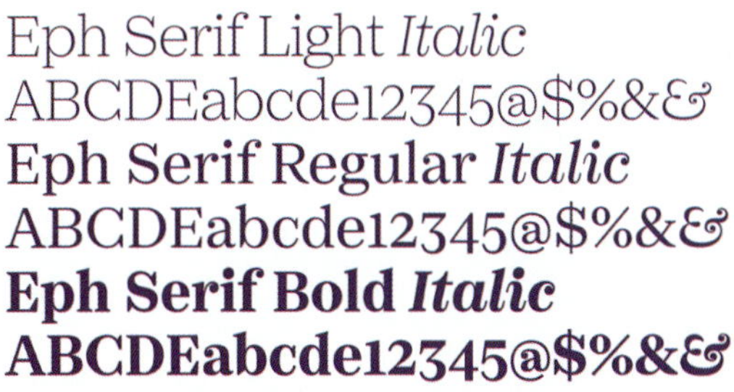

Eph Serif Light Italic
ABCDEabcde12345@$%&&
Eph Serif Regular Italic
ABCDEabcde12345@$%&&
Eph Serif Bold Italic
ABCDEabcde12345@$%&&

图 3-38　旧标准字“Eph Serif”字体

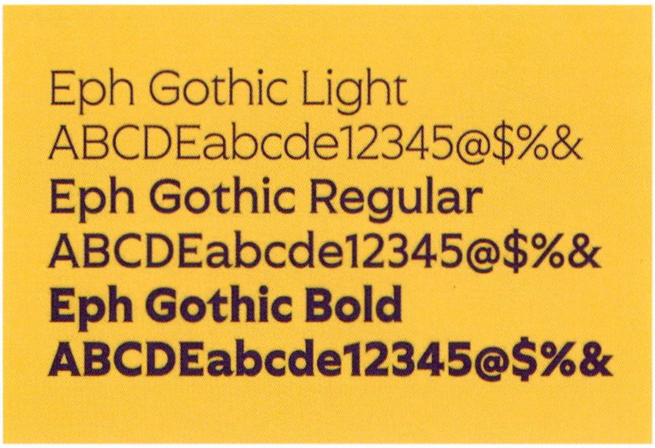

Eph Gothic Light
ABCDEabcde12345@$%&
Eph Gothic Regular
ABCDEabcde12345@$%&
Eph Gothic Bold
ABCDEabcde12345@$%&

图 3-39　新标准字“Eph Gothic”字体

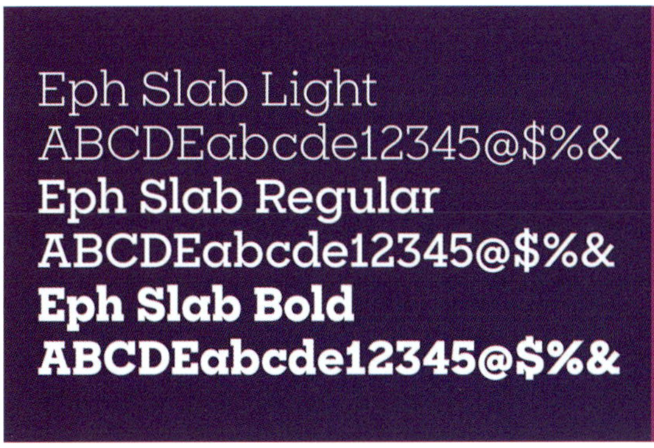

Eph Slab Light
ABCDEabcde12345@$%&
Eph Slab Regular
ABCDEabcde12345@$%&
Eph Slab Bold
ABCDEabcde12345@$%&

图 3-40　新标准字“Eph Slab”字体

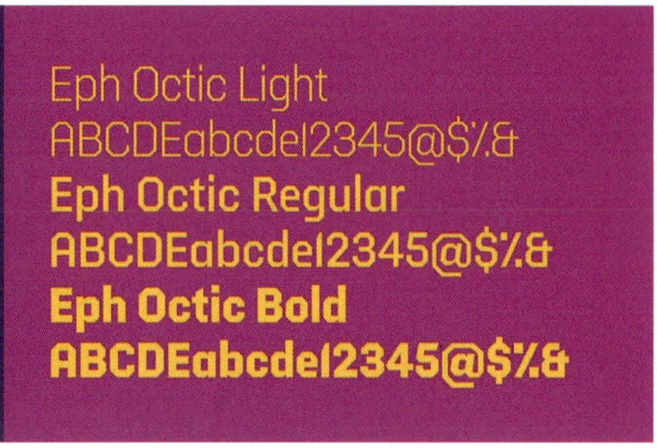

Eph Octic Light
ABCDEabcde12345@$%&
Eph Octic Regular
ABCDEabcde12345@$%&
Eph Octic Bold
ABCDEabcde12345@$%&

图 3-41　新标准字“Eph Octic”字体

sWinterStuc
sHomeEsser
sEpheliaAthlet
ainDayTuto
pondentCon

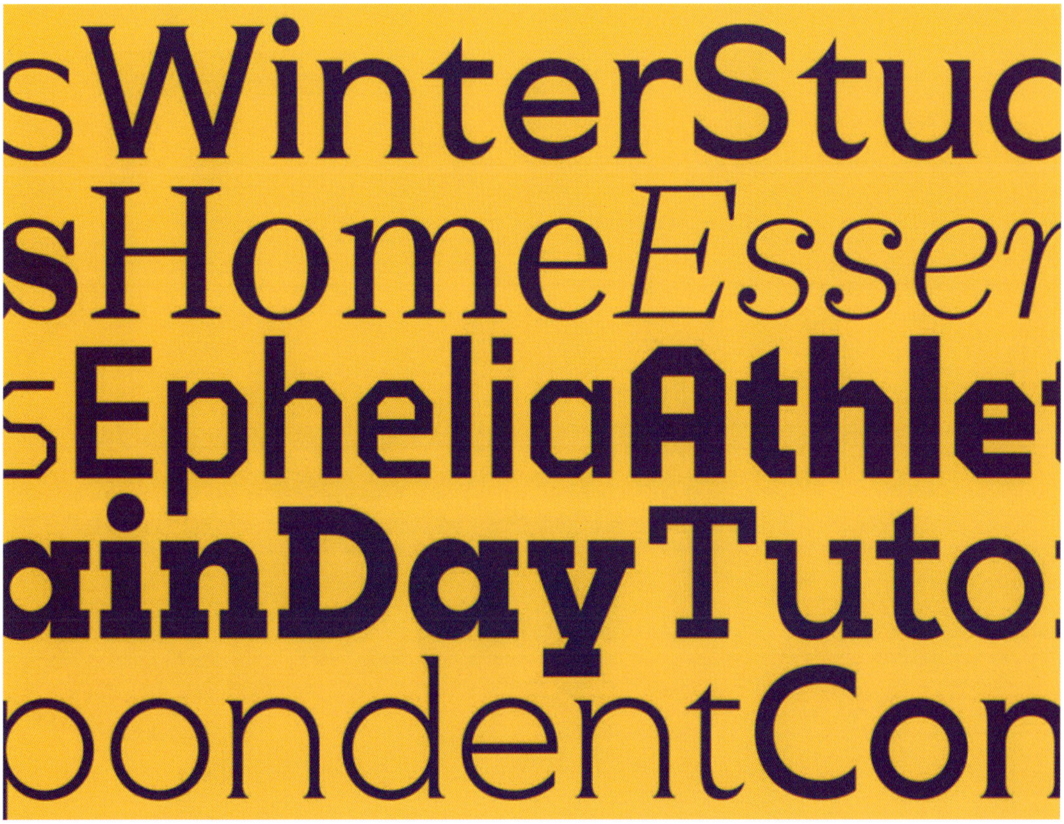

图 3-42　不同字体的组合应用

图 3-43 标准字在校庆活动中的应用

图 3-44 标准字在导视设计中的应用

图 3-45 标准字在导视设计中的应用

图 3-46 IP 形象设计

图 3-47 IP 形象在场景中的应用

图 3-48 辅助图形在帆布鞋中的应用

图 3-49 辅助图形在衍生品中的应用

DEC 教育公司 | DEC

国家：乌克兰

机构类型：教育类

DEC是乌克兰的一家教育公司，它有几个子品牌：DEC教育、DEC学校、DEC生命学校、DEC假期、DEC营地和DEC周末。

好的品牌形象设计应该兼顾系列化与个性化。系列化图形可以用多样统一的特征形成既有共性又具特性的系列。个性化是指受众对品牌的需求不再局限在功能性上，而是更加注重艺术性和情感化的体现。

该公司的理念是"帮助人们通过教育获得成功的未来"。设计团队根据这一理念进行创作，将"DEC"设计为一个"通往美好未来的窗口"。整体品牌形象设计现代感十足，符合品牌的定位——面向新一代年轻人的教育机构。"DEC"的标志设计应用面非常广泛，设计团队选择直接将标志设计应用到衍生产品中，线条与色块的整体变化显得统一又不失个性。

明快活泼的色彩更容易刺激受众的视觉，引发联想和想象，使受众产生情感共鸣。设计团队选择饱和度较高的黄、橙、蓝、绿、紫色进行搭配设计，通过对比色与互补色增强视觉冲击力。大面积的色块应用使整个设计有着极强的设计美感，也使得产品的衍生设计变得更加系统，适用性更强。

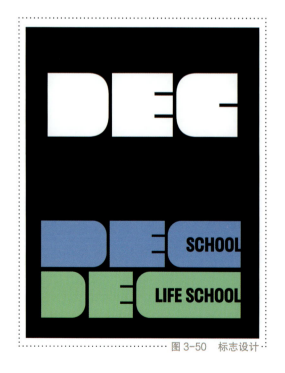

图 3-50　标志设计

图 3-51　图形设计

图 3-52　标志在水杯与书包中的应用

图 3-53　标志在帽子与手机壳中的应用

图 3-54　标志在场景中的应用 1

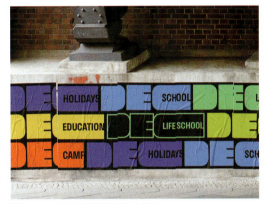

图 3-55　标志在场景中的应用 2

图 3-56　标志在斑马线中的应用

图 3-57 活动周边设计

图 3-58 标志在导视设计中的应用

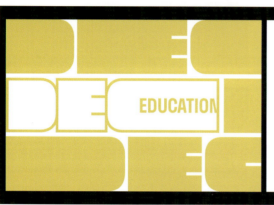
图 3-59 标志在名片中的应用

图 3-60 海报设计

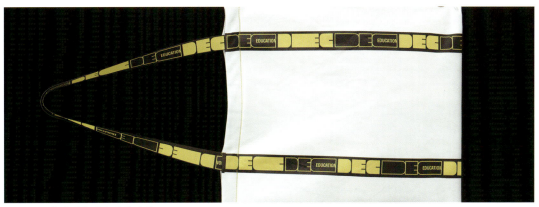

图 3-61　标志在帆布包中的应用

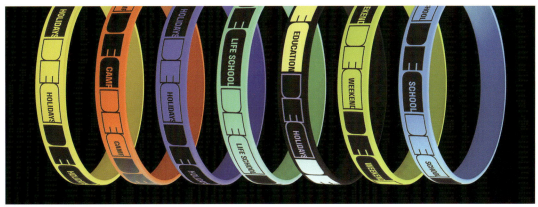

图 3-62　标志在运动手环中的应用

图 3-63　标志的其他应用

啾啾双语幼儿园｜Peepkids

国家：乌克兰

机构类型：教育类

啾啾双语幼儿园（Peepkids）是乌克兰一家以双语教育为基础的幼儿园。该品牌形象的视觉设计基础部分包括标志、标准色、标准字三个基本要素。

标志是品牌的灵魂，好的标志是品牌的化身，也有利于品牌理念的传播。该标志以鹦鹉形象作为主体，突出强调其以语言教育为特色的核心理念。设计团队提取鹦鹉形象的典型特征，将鹦鹉的侧脸进行扁平化处理，整体形象简约可爱，头顶的两根羽毛使标志更加俏皮活泼，下方的圆弧线也为整个标志增加了另一层含义，使整个标志看起来像一个笑脸。

标志采用图文结合的方式，字体圆润规整，色彩丰富鲜艳。图形部分为蓝色与橙色，文字部分则选择玫红色、绿色、蓝色、橙色、紫色、黄色等多种色彩进行搭配设计，整体的色彩丰富多样，传递着一种阳光向上的积极情绪。

辅助图形是品牌形象识别系统中最活跃的元素，对展现整个品牌形象系统有很大的推动作用，同时也可以应用在各类产品、包装、广告等方面。该机构的辅助图形是两只可爱有趣的小鹦鹉，不同于其他动物形象，闭着眼睛的两只小鹦鹉仿佛在冥想、在思考，也可能是陶醉在交流中，给予该品牌形象设计别样的活力。在辅助图形的色彩搭配上，设计师继续沿用标志设计的色彩，以蓝色与橙色为主，效果十分出彩。

图 3-64　标志设计

图 3-65　图形设计

图 3-66 标准色

图 3-67 标准字

图 3-68 双语教学课堂（英语与俄语）

图 3-69　益智涂鸦

图 3-70　标志在涂鸦本中的应用

图 3-71　标志与辅助图形在书籍中的应用

图 3-72　应用程序界面设计

图 3-73　标志与辅助图形在衍生品中的应用 1

图 3-74　标志与辅助图形在衍生品中的应用 2

图 3-75　标志在果汁包装中的应用

图 3-76　标志与辅助图形在水杯与零食包装中的应用

图 3-77　标志与辅助图形在餐具与食品包装中的应用

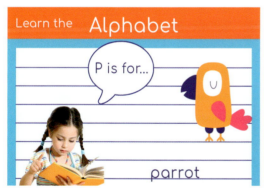
图 3-78　辅助图形在教学用具中的应用

图 3-79　辅助图形的应用

图 3-80　海报设计

康姆学校 | Com School

获取动态案例

国家：巴西
机构类型：教育类

康姆学校（Com School）是巴西一所数字营销领域的先锋学校，该品牌有着十多年的发展历史。该学校面向年轻一代，因此品牌形象设计也需顺应年轻一代的审美需求以及时代潮流。

更新后的标志沿用正方形的设计，但是在块面分割上更加开放、圆润。设计团队去除繁杂的色彩，选择了饱和度较高的黄色，摆脱了黑色线条的约束，采用色块表现，整体风格明亮大方、轻松简约，兼具识别性与美观性，也体现了该品牌在教育领域的专业性与权威性。新的标志寓意着"个人和他人的联系"，代表无限的可能性，目的是展现学校人性化和科技化的一面。学校的官方网站也按照新的视觉形象进行了再设计，变得更加鲜明、简洁，识别性强。

色彩是被受众感知到的最直接的视觉元素，它既体现了品牌的基本属性，又可以折射出受众的心理需求，并蕴涵着时尚、文化等多方面的内涵。该品牌形象设计选择了饱和度较高的黄色、红色、绿色以及蓝色，在保证不破坏整体统一性、系列性的同时，增添了多元的变化。

图 3-81　标志设计

图 3-82　图形设计

图 3-83　标志在帆布包与 T 恤中的应用

图 3-84　网页设计

图 3-85　标志与辅助图形在衍生品中的应用

图 3-86　海报设计 1

图 3-87　海报设计 2

图 3-88　海报设计 3

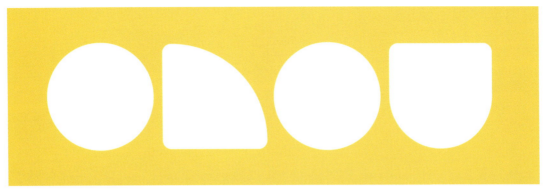

图 3-89　标志组成元素

图 3-90　标志与辅助图形在文件夹中的应用

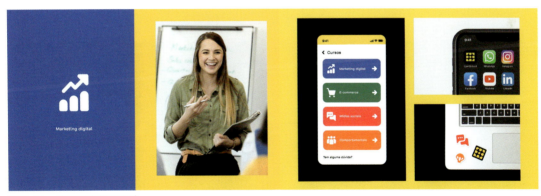

图 3-91　应用程序界面设计

图 3-92　标志与辅助图形在导视设计中的应用

阿韦诺学院 | Avenor College

国家：罗马尼亚
机构类型：教育类

阿韦诺学院（Avenor College）起初只是一个幼儿园，如今它已经将教育范围扩展到小学和中学，并发展成两个校区，致力于为所有儿童、家长以及教师提供全面和满意的教育体验，并为学术界提供良好的交流平台。

设计团队认为，创建新品牌标志的目的是获得整个周边社区和社会的认可，因此设计时需要考虑受教育者和利益相关者的需求。

品牌名称"Avenor"（阿韦诺）意为"未来的道路"，新的品牌口号"未来的创造者"明确地强化了这一理念。这个由简单多彩的条纹组成的星形新标志，代表学校以及周围社区的不同组成部分和群体，它们朝着一个共同的目标前进。

品牌标志的字体为粗体，网站的标题使用 Bree 字体，正文使用 PT Sans 字体，而学校文档模板则使用 Calibri 字体。基于不同受众的需要，设计团队选择了广泛且可用的系统字体。

图 3-93　标志设计

图 3-94　图形的应用

图 3-95　标志与辅助图形在场景中的应用 1

图 3-96　标志与辅助图形在场景中的应用 2

图 3-97 辅助图形在食品中的应用

图 3-98 网页设计

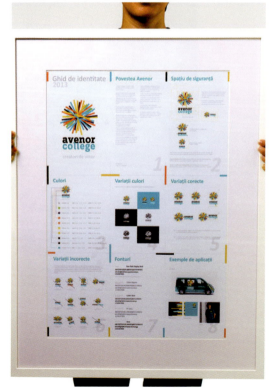

图 3-99 视觉识别系统设计

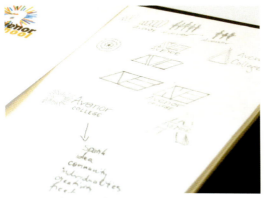

图 3-100　标志绘制草稿

图 3-101　辅助图形在导视设计中的应用 1

图 3-102　辅助图形在导视设计中的应用 2

图 3-103　标志与辅助图形在载具中的应用

图 3-104　标志和辅助图形在办公用品中的应用

方向教育 | Direction Education

国家：法国

机构类型：教育类

位于法国索恩河畔沙隆市的方向教育（Direction Education）推出了一套新的品牌视觉形象，目的是设计出一套易于拆分重组的品牌形象，使其能配合课内外活动并在多种场合使用。设计过程如同一个搭建游戏，将设计元素重组成新的标志和辅助图形，使统一中富于变化。

设计团队将折叠尺的灵感运用到标志设计中，分割字体并将其重组，借助代表钉扣的装饰圆点和颜色的变化，使原本单一的字体更具灵活性。以红、黄、蓝、湖蓝以及白色为基础色，以折叠尺为基本元素，设计出了标志与一系列辅助图形。辅助图形包含众多与孩子和学校有关的元素，如文具、交通工具、天气、动物、建筑等，每一个图形都可以成为一个独立的符号，简洁清晰地引导观者。

在应用设计上，设计团队使用专用符号来吸引孩子们阅读，宣传册中更是将基础色大面积使用，在色彩和形式上增添了趣味性，与传统版面相比更具趣味性，充满了对儿童的关怀与用心。

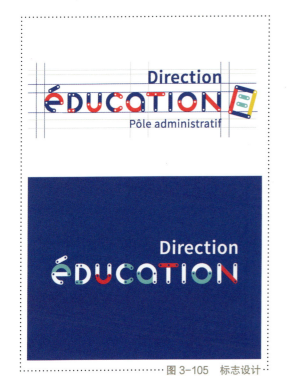

图 3-105　标志设计

图 3-106　图形设计

CMJN : 100 | 70 | 0 | 0	CMJN : 0 | 0 | 0 | 0	CMJN : 0 | 10 | 95 | 0	CMJN : 0 | 88 | 30 | 0	CMJN : 60 | 0 | 29 | 0
RVB : 0 | 55 | 255	RVB : 255 | 255 | 255	RVB : 255 | 222 | 0	RVB : 255 | 0 | 104	RVB : 75 | 209 | 219
PANTONE : 2728 C	# FFFFFF	PANTONE : 012 C	PANTONE : 213 C	PANTONE : 325 C
# 0037FF		# FFDC00	# FF0068	# 4BD1DB

图 3-107　标志设计与标准色

图 3-108　标志和辅助图形在办公用品中的应用

图 3-109　标志和辅助图形在信封与名片中的应用

图 3-110　标志和辅助图形在名片中的应用 1

图 3-111　标志和辅助图形在名片中的应用 2

图 3-112　字体设计

图 3-113　海报设计

图 3-114　辅助图形在宣传页中的应用

图 3-115　辅助图形与海报设计

图 3-116　辅助图形在宣传手册中的应用

里斯托萨文音乐学校 | Risto Savin

获取动态案例

国家：斯洛文尼亚
机构类型：教育类

　　里斯托萨文音乐学校（Risto Savin）是斯洛文尼亚的一所音乐学校，其宗旨是打造对社会和受众负责的音乐教育机构。该学校因其高质量的教育工作受到广泛认可。该学校品牌形象设计的目的是通过品牌形象的力量增加人们对音乐教育的兴趣与参与度，调动受众的积极性。

　　设计团队对该学校进行了品牌形象重塑。首先从标志设计入手，旧标志是单纯的字体组合，成熟大气，但对于核心理念的传播作用较小，不符合品牌调性。新标志的设计灵感来自孩子的微笑，由一个微笑符号和一个音符组成。

　　在色彩上，选择了较为稳重的红色、黄色、蓝色及绿色，色彩搭配柔和舒适。设计团队通过不同种类图形元素的排列组合，结合成有趣的图标和插图，最终形成了该音乐学校的一系列辅助图形与IP形象。此外，设计团队还为IP形象设计了不同的姿势，方便应用在不同的载体及场所中。

　　整体品牌形象设计系列感强，设计语言亲切、有趣，配色活泼又不失典雅。所有的辅助图形元素都在统一中寻找变化，紧紧贴合音乐教育这一主题，仿佛正在举办一场难忘的音乐会。

图 3-117　标志设计

图 3-118　图形设计

图 3-119 标志设计与标准色

图 3-120 标准字

图 3-121　标志与辅助图形在办公用品中的应用

图 3-122　辅助图形在宣传页中的应用

图 3-123　海报设计 1

图 3-124　海报设计 2

图 3-125　户外广告

图 3-126　IP 形象设计

图 3-127　IP 形象在宣传册中的应用

图 3-128　标志与辅助图形在手提袋中的应用

图 3-129　网页设计

图 3-130　卡片设计

图 3-131　辅助图形在导视系统中的应用

图 3-132　导视设计

儿童中心丨Kids Central

国家：澳大利亚
机构类型：教育类

儿童中心（Kids Central）是澳大利亚的一所幼儿园。由于几何形状是儿童学习的基础，因此该幼儿园的整个品牌形象设计都采用基础的几何图形来进行诠释。将幼儿园标志竖直放置，呈现的是儿童快乐时的面部特征；将标志水平转动，会显示"kids"一词。该设计具有系统性、灵活性、动态性和智能性。图形的组合方式并不受任何拘束，将图形分散后再次组合形成色彩丰富、具有韵律感的新图形，运用重叠、反复等艺术手法营造独特的氛围，如同儿童的拼图游戏一般，象征着儿童的无限想象力与创造力。

设计团队在进行品牌形象设计时始终以儿童为服务对象，紧紧抓住儿童心理，了解儿童心理发展状况，使整体品牌形象符合儿童的认知和审美。多形态的标志和辅助图形，符合儿童的活泼灵动、乐于创新的特征。整体品牌形象设计皆采用儿童比较容易理解的几何图形来组合创作，以此增加儿童对于品牌形象的认同感。该品牌形象设计兼具系统性与灵活性，衍生图形设计与标志设计形成呼应，利用几何元素变换成花朵、小船、铅笔、笑脸等图形，充分贴合儿童的心理，激发儿童的创造性。

在色彩上，选择饱和度较高的玫红色、黄色、蓝色与绿色等，以纯色为主，象征着儿童的纯真与活泼，营造出亲切自然、生动活泼、充满希望与能量的氛围。

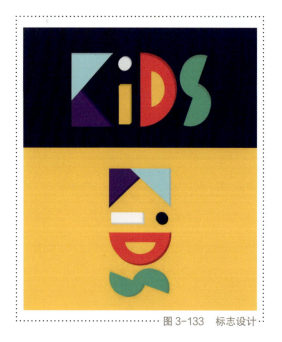

图3-133 标志设计

图3-134 图形设计

图 3-135　图标设计

图 3-136　标志在名片中的应用 1

图 3-137　标志在名片中的应用 2

图 3-138　标志与辅助图形在办公用品中的应用

图 3-139　标志与辅助图形在文具中的应用

图 3-140　标志与辅助图形在纸杯中的应用

图 3-141　标志与辅助图形在信封中的应用

图 3-142　广告设计

图 3-143　户外广告

图 3-144　海报设计

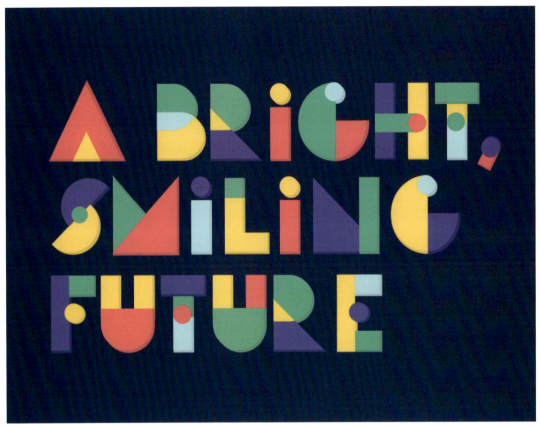

图 3-145　字体设计

图 3-146　辅助图形在场景中的应用

ES 儿童英语教育机构丨English State School

国家：俄罗斯

机构类型：教育类

ES儿童英语教育机构（English State School）是俄罗斯一家以2.5～13岁儿童为主要服务对象的高端英语培训机构，该品牌形象设计的目的旨在提高品牌的知名度和竞争力。

标志设计以文字设计为出发点，通过运用圆角线条对字体进行设计表达。用这种方法一方面使品牌标志清晰易读，可以强化机构品牌形象在受众心中的印象，另一方面也具有较佳的视觉美感和艺术性。

该儿童英语教育机构的品牌形象由标志图形、文字、色彩等基本要素与产品、环境、媒体等应用要素构成。设计团队直接从目标群体的喜好和审美要求出发，在标志形象中运用直观易懂的图形。儿童受认知水平的局限，很容易受到无关紧要的内容的影响，容易把注意力放在次要的事物上，因此为了适当地突出关键内容，字体的编排就显得尤为重要。

在色彩方面，设计团队采用饱和度较低的绿色、黄色与粉色等，整体风格温馨柔和。在衍生图形的设计中，既保留了俄罗斯特色，又贴近儿童心理，可爱简洁。值得一提的是，整个品牌形象的风格具有系统性与创新性，教学用具与品牌形象保持高度一致，以线面结合的表现方式增加了该机构的品牌张力。

图 3-147　标志设计

图 3-148　图形设计 1

图 3-149 图形设计 2

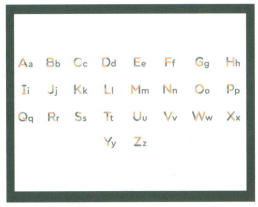

图 3-150 字体设计

图 3-151 贴纸设计

图 3-152 教学卡片

图 3-153 标准字与标准色

图 3-154　教学场景

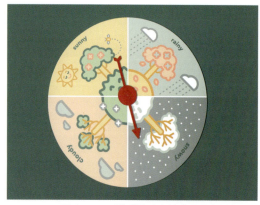

图 3-155　辅助图形在教学用具中的应用 1

图 3-156　辅助图形在教学用具中的应用 2

图 3-157　辅助图形在教学用具中的应用 3

图 3-158　标志与辅助图形在气球中的应用

图 3-159 单词卡设计 1

图 3-160 单词卡设计 2

图 3-161 标志与辅助图形在笔记本中的应用

图 3-162 标志与辅助图形在徽章中的应用

图 3-163 标志与辅助图形在文具中的应用

儿童湾早教机构 | Children's Cove

国家：美国

机构类型：教育类

儿童湾（Children's Cove）是美国一家儿童早教机构，该机构希望在孩子、家庭和教师之间建立一种相互尊重、积极响应和互惠互利的关系。该机构认为每个孩子都是独一无二且富有创造力的存在，因此需要构建一个良好的环境去帮助和引导孩子们健康成长。

儿童湾的标志由三个几何图形组成，对应该机构的三个核心价值观——发展个人特点、保持好奇心和激发学习热情。从局部构成上看，底部稳定的拱桥图形象征该机构为孩子们创造的善良、友好和自信的成长环境，为孩子的个性发展奠定稳固坚实的基础；中部的矩形突破平直的网格，设计为向上的倾斜角，体现出该机构突破陈规、敢于创新的教学理念，力求培养儿童获取知识的好奇心和打破固有思维模式的创造力；顶部的三角形表现出积极向上的含义，代表着该机构帮助激发孩子们探索知识和直面挑战的决心。

从整体形象看，该机构的标志是一个房子的图形，传达出该机构是培养儿童个性特点、创造力与求知欲的儿童早教机构。标志中几何图形的外轮廓采用圆角处理，贴合了该机构的主要受众群体——儿童，并且提升了标志的友好与亲和性，拉近了与受众的距离。整体视觉系统采用了红色、黄色、蓝色、绿色四种颜色，既对应了品牌属性——积极性、创造性、稳定性、包容性，又与儿童湾的核心价值观相关联。

在此基础上，将标志中的几何图形与粗拙的线条进行组合来构建品牌的扩展元素，是运用品牌中的辅助元素来展现儿童创造力的一种方式。组合产生的底纹背景与学校的IP形象结合在一起，丰富了视觉系统的表现形式，增加了扩展元素的可用性。

此设计方案简约清爽又具有活力，几何图形、粗拙可爱的线条和IP形象构成了一个丰富的视觉系统，各种元素的组合搭配能够很好地应用到各种数字化设备与印刷产品中。

图3-164　标志设计

图3-165　图形设计

图 3-166 标志与辅助图形在宣传册与信封中的应用

图 3-167 标志与辅助图形在信封中的应用

图 3-168 标志与辅助图形在报纸中的应用 1

图 3-169 标志与辅助图形在报纸中的应用 2

图 3-170 户外广告

图 3-171　标志与辅助图形在名片中的应用

图 3-172　标志与辅助图形在挂绳中的应用

图 3-173　标志与辅助图形在书籍中的应用

图 3-174　辅助元素与辅助色

图 3-175　校服设计

图 3-176　IP 形象

图 3-177　标志与辅助图形在教学用品中的应用

莫斯科当代艺术学院 | Institute of Contemporary Art/Moscow

国家：俄罗斯
机构类型：教育类

莫斯科当代艺术学院（Institute of Contemporary Art/Moscow，简称ICA）于1991年由一群艺术家、艺术评论家和艺术理论家建立，旨在组织视觉艺术领域的展览、研究和教育项目。

该学院的标志设计直接选择学院的缩写"ICA"作为主体，目的明确。辅助图形的设计灵感来源于蛋托和鸡蛋，通过提炼鸡蛋的几何形状，将鸡蛋内、外部的结构结合曲线融入设计中，蛋托底部的轮廓作为该视觉系统的扩展图形占据视觉系统的大部分版面，是一个能够吸引目光、使人印象深刻的创意图形。

辅助图形的设计灵感来源于达·芬奇画鸡蛋的故事。达·芬奇通过画鸡蛋，提高了观察能力，发现每个鸡蛋之间的微小差异，锻炼了手眼的协调能力，从而能得心应手地绘画。这说明踏实的基本功有利于学习与工作的开展，让成功不再遥远。

该学院的视觉系统设计采用简单而纯粹的色彩——黑色、灰色，说明了学院针对艺术方面的教育与研究目标始终如一，在艺术教育领域始终拥有坚定的目标。此设计方案巧妙地运用了类比手法，鸡蛋代表着来自不同国家与地区具有不同个性特质的学生，而蛋托则代表支持学生发展，促进学生更好地进行学习与研究的平台。学生如同鸡蛋，需要蛋托才能更好地稳定自身的位置；而蛋托则如同学校，需要鸡蛋来展现自己的功能，两者互相配合、共同进步。

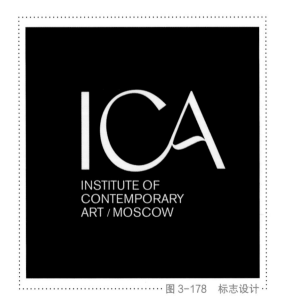

图3-178 标志设计

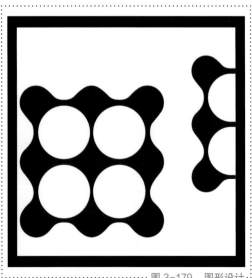

图3-179 图形设计

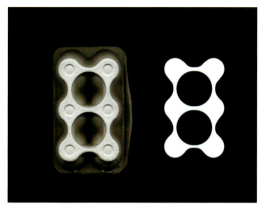

图 3-180　根据蛋托进行图形提取

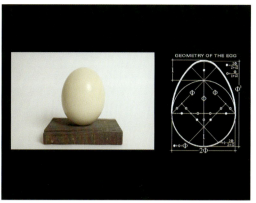

图 3-181　根据鸡蛋进行图形提取

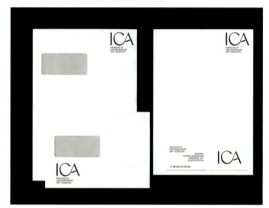

图 3-182　标志在信封中的应用

图 3-183　标志与辅助图形在工作牌中的应用

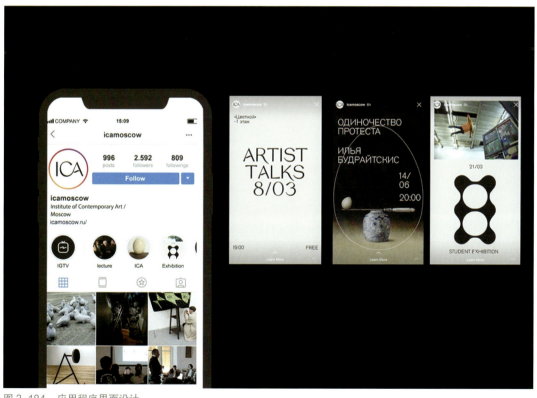

图 3-184　应用程序界面设计

图 3-185　辅助图形在帆布包中的应用

图 3-186　标志在铅笔中的应用

图 3-187　字体设计

图 3-188　海报设计 1

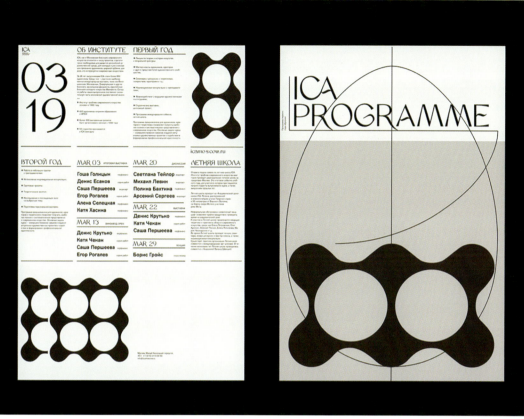

图 3-189　海报设计 2

图 3-190　海报设计 3

梅登学院 | Mayden Academy

获取动态案例

国家：英国

机构类型：教育类

梅登学院（Mayden Academy）成立于2015年，为人们提供为期16周的沉浸式编码课程，其课程涵盖前端、后端、数据库框架、单元测试、结对编程和调试等知识。为了追随时代的潮流，提高学院的影响力，该学院推出了新的标志及一系列视觉形象。

该学院的标志设计采用了太阳星系的概念，代表编码的无穷性和未知性。基于字体的风格，设计团队创作了一系列造型生动有趣的插图，并且在作品中添加了部分动态元素，表达了该学院的编码学习过程并非枯燥乏味，而是充满探索性的。同时，当这些插画呈现在不同的应用场景中时，所有的元素都会有一个标准的使用规范，包括特定的紫色、粉红色、薄荷色、字体以及人物形象。

在海报设计中，最为醒目和突出的是梅登学院的宣传标语"Build your future"（建设你的未来）、"Launch into a world of possibility"（进入一个充满可能性的世界）等，这样的语句能瞬间激发观者的了解欲望。新的视觉形象革新了传统编码课程枯燥乏味的形象，在烦琐和枯燥中找到了平衡点，可以有效提升大众对学习编码课程的兴趣。

图3-191　标志设计

图3-192　图形设计

图 3-193 辅助图形

图 3-194 辅助图形在笔记本中的应用

图 3-195　海报设计 1

图 3-196　海报设计 2

图 3-197　应用程序界面设计 1

图 3-198 应用程序界面设计 2

图 3-199 户外广告 1

图 3-200 户外广告 2

奥林匹亚学校 | The Olympia Schools

获取动态案例

国家：越南

机构类型：教育类

奥林匹亚学校（The Olympia Schools）成立于2003年，隶属于梦想之家（Dream House）教育体系。该校一直是越南私立教育领域的先驱，其教育目标是为学生提供全面的知识和技能，为适应不断变化的社会做好准备。为向大众传达学校的形象和理念，设计团队更新了原有的视觉系统。

在前期工作中，设计团队对该学校形象进行了详细调查。调查显示，该学校被公认的形象是热情的、可靠的、自信的、温暖的，并且是有专业性和创造性的。因此，为了展现该学校的形象特征，新标志沿用了原有的盾形和色彩。新标志取消了盾形周围的装饰元素，提取并简化原标志中的书本和橄榄枝图形，增加了与艺术、体育相关的图形符号，并将各个图形统一在盾形中，旨在传播该学校全面发展的理念。旧的配色方案并没有真正表现出该学校的未来发展规划和最新特点，因此，在原有黄、紫配色的基础上，提高纯度、降低灰度，并将颜色命名为学术紫和活力黄，让整个视觉形象展现出该学校充满活力和专业性的特征。

辅助图形由基本的几何形状构成，简单的色块图形代表学生在学习期间的经历与收获，各个小图形的组合搭配丰富了视觉表达，同时也解释说明了主标志中的四个图形符号。新的视觉形象能够在多种场合、平台使用，具有广泛的应用空间，并且在专业性和友好性之间取得了平衡。借助充满活力的动态图形、有趣的扩展元素和鲜明的色彩，更新了人们对该学校的印象，让一个具有专业性、规划性和顺应社会发展的学校形象呈现在大众视野中。

图3-201　标志设计

图3-202　图形设计

图 3-203　标志与辅助图形在笔记本中的应用

图 3-204　辅助图形在教学用具中的应用

图 3-205　标志在名片中的应用

图 3-206　标志在办公用具中的应用

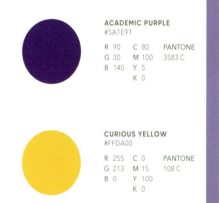

图 3-207　标准色

图 3-208　标志与辅助图形在车体中的应用

图 3-209　网页设计

图 3-210　海报设计

图 3-211　标志在徽章中的应用

图 3-212　应用程序界面设计

图 3-213　辅助图形在教学环境中的应用 1

图 3-214　辅助图形在教学环境中的应用 2

卡考儿童教育丨Kakao Kids

国家：韩国

机构类型：教育类

卡考儿童教育（Kakao Kids）于 2008 年成立于韩国首尔，致力于为儿童提供智能教育服务。儿童可以在该机构的学习平台上与动物角色互动，从而全方位地培养其在语言、社交、艺术、体育等方面的能力。

该机构的标志由名称中的"KIDS"和椭圆形构成，直观地说明了该机构的主要服务群体——儿童。标志中"KIDS"采用 Kakao 集团的标准字，延续了 Kakao 集团的品牌特色与产品调性。辅助图形分为两种：一种是随机组合的椭圆形，以及由被拉伸的椭圆拼接形成的艺术字，贴合儿童发散的思维和天马行空的想象力；另一种是广受儿童欢迎的卡通角色，能够拉近与儿童的心理距离，促使儿童乐于参与、乐于学习，这些卡通角色还起到说明和完善故事情节，引导儿童学习的作用。

视觉系统设计以红、黄两色为标准色，红色与黄色象征着活力、热情与创造力，两色的和谐运用起到了传递公司理念、反映受众特征的目的。整体鲜艳明亮，高亮暖色调的搭配也能够很好地刺激儿童的视觉，增强对他们的吸引力。标志、辅助图形和标准色互相配合，简洁又不失活力，为教育品牌的核心理念服务，同时也适应了市场。

图 3-215　标志设计

图 3-216　图形设计

图 3-217　导视设计 1

图 3-218　导视设计 2

图 3-219　辅助图形在灯箱中的应用

图 3-220　标志与辅助图形在水杯中的应用

图 3-221　海报设计

图 3-222　网页设计

图 3-223　辅助图形的应用

教育类机构
品牌形象设计思维发散

1. 教育类机构品牌形象的辅助图形可以应用到哪些产品或场合？

2. 若教育类机构下设众多子品牌或分校，其标志如何设计？

3. 高等院校可以通过什么视觉形式来表达其教学理念与内涵？

图 3-224　标志与辅助图形在手机壳中的应用

获取完整案例

第 4 章　产品与服务销售类机构品牌形象设计

澳洲之声丨Hearing Australia

国家：澳大利亚

机构类型：产品与服务销售类

澳洲之声（Hearing Australia）成立于1947年，是由澳大利亚政府资助的专为听力障碍人士提供听力治疗服务的机构。该机构在澳大利亚各地设有多个分部，其主要业务是负责评估患者的听力，为患者选择和安装助听设备，并提供周期性听力保健和助听设备专业维护。

随着澳洲之声形象名称的变更，该机构引入了由Landor设计团队设计的新视觉形象。原本的标志虽然本意是好的，但其设计的"音频线"在视觉图形上容易引起歧义。

相比之下，新的品牌标志设计得非常巧妙，看起来简洁大方，像是一家私人的高端诊所。选择蓝色作为主色，使它原本的科技感看起来不那么明显，反而显得更加亲近自然，更受欢迎。

海报在工艺上下了很大功夫，利用凹凸版印刷工艺结合波纹、圆环与圆点表现出声音的形状。海报的圆角框既漂亮又柔和，布局层次分明。这些小而精巧的设计元素被应用在品牌的各种周边产品中，成功地做到了强化"声音"的形象。

图 4-1　标志设计

图 4-2　图形设计

图 4-3 标志与海报工艺 1

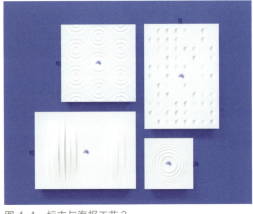

图 4-4 标志与海报工艺 2

图 4-5 标志在毛衣中的应用

图 4-6 应用程序界面设计

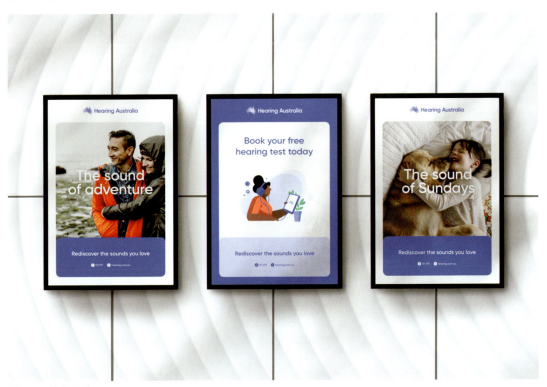

图 4-7 海报设计

国家音乐治疗研究所 | National Music Therapy Institute

国家：美国

机构类型：产品与服务销售类

国家音乐治疗研究所（National Music Therapy Institute）是美国一家慈善机构，主要由音乐治疗、健康和教育领域的专业人士创建，致力于为音乐治疗的发展做出贡献。

为了符合音乐治疗研究所的特征，设计团队将钢琴的琴弦作为主标志，钢琴作为人们日常生活中接触到的最广泛的乐器之一，具有极强的标志性。两条优美的曲线将琴弦分割成三个和谐的部分，起伏弯曲的线条宛如钢琴演奏时那无形的音乐划过空气留下的轨迹，以此来突出音乐治疗有异于其他传统的治疗方法。被分割的三部分以蓝色、黄色、绿色为主要颜色，歌德在《色彩论》中说："当眼睛看到一种色彩时，便会立即行动起来，它的本性就是必然地和无意识地立即产生另一种色彩，这种色彩同原来看到的那种色彩一起完成色轮的总和。"设计团队正是巧妙地利用了补色这一色彩原理，使得简单的三种颜色拥有了律动的姿态。

在辅助图形的设计上，设计团队提取并且优化了标志元素，最终形成了简约的圆头长条形图案，通过参差错落的布局，以及利用颜色的互补、渐变搭配，与标志设计有着异曲同工之妙。

该设计方案简洁灵动又富有深意，直线与曲线的交融以及对色彩的准确把握构成了一个丰富的视觉系统，使得国家音乐治疗研究所的品牌形象在专业性与亲和力方面达到一种微妙的平衡。

图 4-8　标志设计

图 4-9　图形设计

图 4-10　海报设计

图 4-11　导视设计

图 4-12　辅助图形在文件夹中的应用

图 4-13　标志的应用 1

图 4-14　标志的应用 2

沙特阿拉伯邮政与物流公司 | SPL

国家： 沙特阿拉伯

机构类型： 产品与服务销售类

沙特阿拉伯邮政与物流公司（SPL）是一个政府机构，成立于1926年，隶属于通信和信息技术部，提供各种物流和邮政服务。

SPL旧标志的主要元素来自该国国徽，是枣椰树和两柄交叉的弯刀。中间的白色信封有一对金色的翅膀。虽然看上去很直观地传递了公司的形象与该国之间的紧密联系，但就图形整体而言，设计较为烦琐且已过时。

为了提升其品牌知名度和使用率，SPL决定更新其品牌形象。全新的形象表达出沙特阿拉伯这个国家的现代性、真实性和多样性，以及SPL坚持以客户为中心的服务理念。

新标志巧妙地将阿拉伯语和英语结合为一个整体，用两种截然不同的文字连接起来，成为品牌与客户之间的情感纽带。品牌色彩以蓝色为主色，传达出诚信、数字化等理念。应用展示中，引入一系列抽象的、相互连接的线条，有助于扩展"连接"这一核心概念。

新形象在全渠道生态系统（零售环境、数字与社交媒体、车辆、制服等）中实施，这表明SPL不再仅仅是发送信件和包裹的机构，而是正在努力成为满足用户体验的第一生态系统。

图4-15 标志设计

图4-16 图形设计

图 4-17　标志与辅助图形在衍生品中的应用

图 4-18　标志与辅助图形在办公产品中的应用

图 4-19　辅助图形在运输包装中的应用

图 4-20　应用程序界面设计 1

图 4-21　应用程序界面设计 2

韩国大田大学附属韩医医院 | Daejeon Han Hospital Affiliated to Daejeon University

国家：韩国

机构类型：产品与服务销售类

2019年，CFC设计工作室为韩国大田大学附属韩医医院（Daejeon Han Hospital Affiliated to Daejeon University）更新了医院标志，并开发了首尔分部的视觉设计和导视系统。更新后的品牌标志使医院整体风格变得格外清新自然，标志传达了该医院追求的价值观念——森林是人类最好的资源。新的医院品牌标志，无论是图形还是色调，都更具辨识性。

该医院首尔分部的视觉识别系统是受大自然启发，通过提炼图案和选取具有代表性的颜色进行设计，表达出"森林"的含义。

设计团队从大自然中提取图案元素，并将其应用于各种文化创意产品，包括宣传册、购物袋和包装等。

另一方面，该医院设施的设计融入了人文关怀，细节方面处理得十分妥当。比如，医院为残障人士设计了专属停车位，在电梯厅地面采用了浮点盲道砖；在诊室入口的墙面有两张标识牌，从不同角度都可以看得十分清晰。患者可以通过标识牌更快地识别空间，尽管这只是个小小的设计，但是为患者提供了很大的帮助。透过这些细节，可以看出该医院在改善患者就医体验方面的努力。

图 4-22　标志设计

图 4-23　图形设计

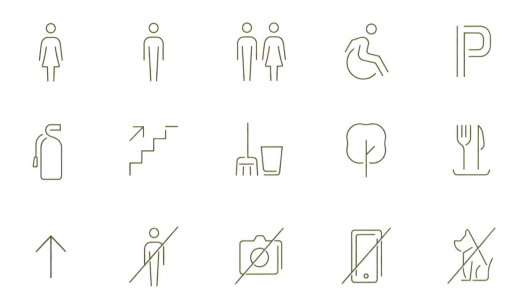

图 4-24　图标设计

图 4-25　导视设计 1

图 4-26　导视设计 2

图 4-27　导视设计 3

图 4-28　导视设计 4

图 4-29　标志与辅助图形在产品包装上的应用 1

图 4-30　标志与辅助图形在产品包装上的应用 2

图 4-31　标志在医务用品上的应用

图 4-32　标志与辅助图形在手提袋中的应用

图 4-33　标志在名牌与护士服中的应用 1

图 4-34　标志在名牌与护士服中的应用 2

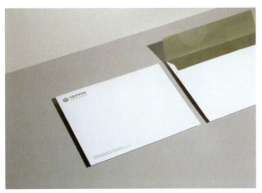

图 4-35　标志在信封中的应用

图 4-36　标志与辅助图形在文件袋中的应用

图 4-37　医院外部

潘特绍尔集团 | Punter Southall Group

国家：英国
机构类型：产品与服务销售类

潘特绍尔集团（Punter Southall Group）是英国一家金融服务机构，成立于1988年，其业务是向客户提供资金精算建议和养老金咨询服务。多年来，该集团一直在扩大规模，但从未更新其品牌形象。因此，集团负责人希望创建一套全新的视觉形象系统，将集团旗下的各个子品牌联系在一起，以更好地适应市场趋势，提高品牌知名度并实现各品牌之间更好的交叉服务。设计团队基于对市场现状、竞争对手和客户群体的分析，将该集团的智能性和敏捷性作为独特的卖点，因此诞生了"智能敏捷"的品牌营销理念。

为了传达该集团的核心理念，设计团队构建了一套大胆、灵活的动态设计系统。该集团标志设计中使用了一个具有向上趋势的三角形，塑造出该集团不断成长壮大、具有未来规划的品牌形象。作为负形的红色圆点从三角形中一跃而出，既呼应了该集团的敏捷性特征，又形成了一个抽象的"日出"图形用来展现该集团的"下一代"思维主张。该集团的辅助图形延续了标志的扁平化风格，所有形状都可以相互结合、切割和重叠。视觉系统中不同的颜色对应不同客户群及其产品和服务范围，丰富的色彩搭配诠释了该集团的多样化模块和多元化发展，并在不同的色彩搭配中区分了集团旗下的各个品牌。视觉系统统一使用Santral字体，搭配不同的标志图形进行排版。

设计方案将主标志作为品牌设计的主导性元素，对品牌标志进行延伸设计，既体现了子品牌的个性化特征，又保证了品牌整体的和谐统一。

图 4-38　标志设计

图 4-39　图形设计

图 4-40　多样的标志设计

图 4-41　辅助图形在字体设计中的应用与图标设计

图 4-42　辅助图形在办公用品中的应用

图 4-43　标志与辅助图形在书籍中的应用 1

图 4-44　标志与辅助图形在书籍中的应用 2

图 4-45　标志与辅助图形在书籍中的应用 3

图 4-46　标志与辅助图形在书籍中的应用 4

图 4-47　标志与辅助图形在书籍中的应用 5

图 4-48　标志与辅助图形在场景中的应用

图 4-49　应用程序界面设计 1

图 4-50　应用程序界面设计 2

挪威零售商环境基金会 | Handelens Miljøfond

国家：挪威
机构类型：产品与服务销售类

挪威零售商环境基金会（Handelens Miljøfond）是一个由挪威政府与商业组织达成的合作项目，旨在解决减少使用塑料袋及相关的问题。在挪威，该基金会对所有的塑料袋收取50美分的高昂环保费（相当于3~4元人民币），并以每年3亿~4亿挪威克朗（相当于2亿~3亿元人民币）支持那些致力于减少塑料垃圾排放的项目。为了向大众传达该项目的思想精神，让"绿色、环保、节能"深入人心，设计团队为该基金会打造了一个生动的视觉形象，该形象将出现在所有挪威零售店的塑料袋上。

该基金会标志是由两个首尾相互连接的图案组成的一个近似圆环的图形，圆环对应的是50美分的形象，而两个首尾连接的图案分别是一个箭头和一片树叶的形象，暗含着绿色与可循环的意义。背景以大面积的墨绿色为底，传递出"清爽、理想、希望、生长"的寓意。该标志具有典型的极简主义特征，虽没有繁复的外表，但却具备功能性和实用性，并运用简洁的元素对设计作品进行装饰。

在辅助图形的中心有"RE"的标志，代表着绿色设计的三个"RE"原则，分别是：Reduce（少量化设计原则），即通过减少材料的质量、面积和数量来实现生产、流通与消费过程中的节能化，达到节约资源和减少垃圾生成数量的目的；Reuse（再利用设计原则），回收、再利用的意思，即将本来已脱离产品消费轨道的零部件返回到合适的结构中，让其继续发挥作用；Recycle（资源再生设计原则），可再生、再循环的意思，将产品或其零部件的材料经过回收之后再进行加工，使其得以新生，形成新的材料资源再重复使用。

设计团队在该风格的基础上以Earth（地球）、Fire（火）、Wind（风）、Water（水）4种元素为基础塑造了一系列的动物及表情形象，使得它们变成了具有丰富表现力的形象，赋予了该基金会全新的生命。这一全新的视觉形象，使得环保不再只是一句口号，有力地宣传了挪威政府对环境保护采取的积极措施。

图4-51　标志设计

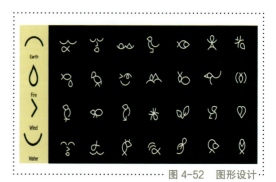

图4-52　图形设计

图 4-53　标志与辅助图形在笔记本中的应用

图 4-54　标志与辅助图形在办公场景中的应用

图 4-55　标志与辅助色的应用

图 4-56　标志在包装中的应用 1

图 4-57　标志在包装中的应用 2

圣地亚哥动物园野生动物联盟 | San Diego Zoo Wildlife Alliance

国家：美国

机构类型：产品与服务销售类

圣地亚哥动物园野生动物联盟（San Diego Zoo Wildlife Alliance）成立于1916年，作为世界上最大的动物保护协会之一，它拥有超过25万个会员家庭和13万名儿童会员，经营着两个世界级的公园：圣地亚哥动物园和圣地亚哥野生动物园。

该联盟采用了纽约Pentagram（五角星）团队设计的新视觉形象。在这个新形象中，基于母公司的标志更新，带动了其余子品牌的视觉形象更新，创建了一个自上而下的视觉系统。该视觉系统围绕着一致的图标和字标进行设计，在所有元素之间建立了一个明确的关系，是有序的、有效的和具有功能性的，同时赋予该联盟一定的严肃性，表明对保护动物的态度。

新标志运用正负形的处理方法，巧妙地将三种动物融合成一个整洁而醒目的图形。狮子的鬃毛扩展成一个完整的圆形，鸟和犀牛的切入并未打破标志原有的整体感。从动物园的层面来看，该标志展示了一个大胆而丰富多彩的视觉形象，既简洁又充满个性。

图 4-58　标志设计

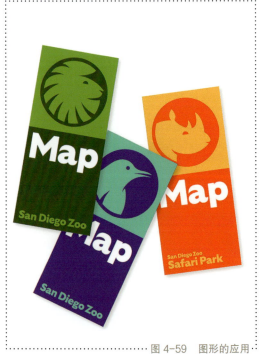

图 4-59　图形的应用

图 4-60　标志更新（左为旧标志，右为新标志）

母公司标志

子公司标志

图 4-61　母公司与子公司的标志设计

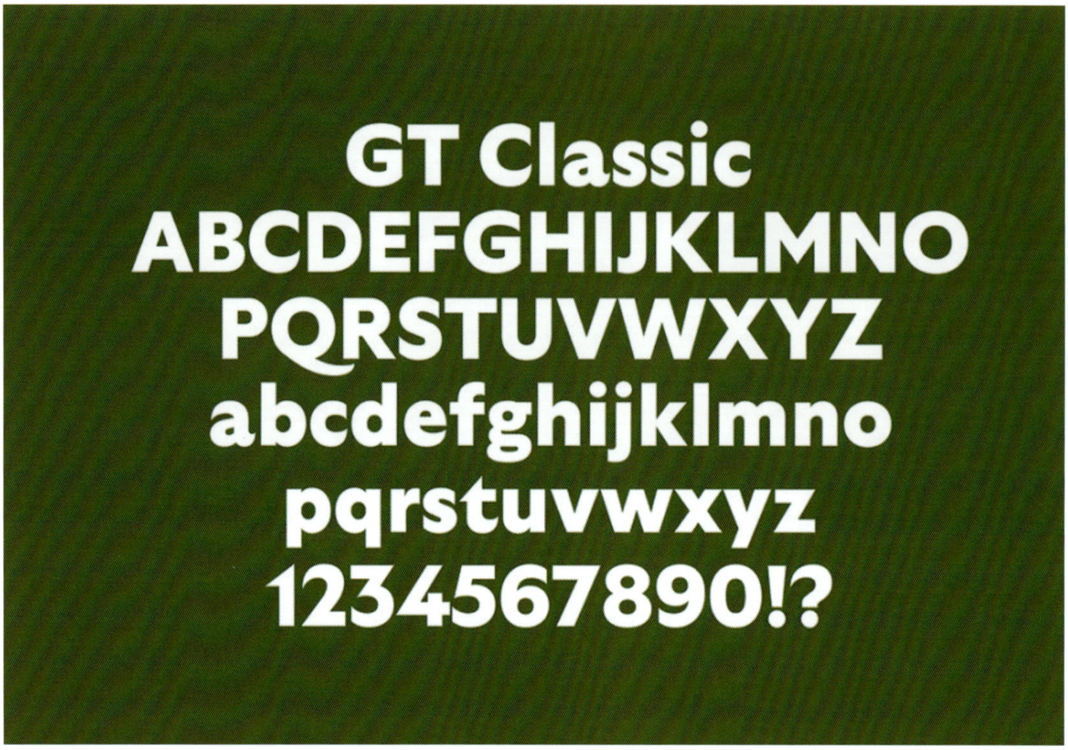

图 4-62　标准字的应用

图 4-63　标志与辅助图形在名片中的应用 1

图 4-64　标志与辅助图形在名片中的应用 2

图 4-65　海报设计 1

图 4-66　海报设计 2

图 4-67　海报设计 3

凯波士眼镜公司 | Kaibosh

获取动态案例

国家：挪威

机构类型：产品与服务销售类

挪威眼镜公司Kaibosh（凯波士）认为，公司的视觉形象已经变得太过陈旧且毫无新意，并且与市场上其他类型的品牌形象开始出现同质化的现象。因此，该公司想要突破旧的传统品牌形象，打造一个时尚、大胆的眼镜品牌，从而重新引起消费者的注意。该公司希望新形象能富有创造力，并尽可能地融合多元文化，带给消费者积极向上的消费感受。设计团队为该公司量身定制，以保证新的视觉形象符合公司的品牌调性与品牌内涵。

设计团队首先关注的是品牌中的品牌文化调性。该品牌想要传达出的信息被转换成视觉元素，并与定制的字体相匹配，以适应店内标牌。两个睫毛组合成标志，以区别于其他眼镜品牌，并与不同的辅助图形组合应用到不同的场景。这对睫毛作为该店极具标志性的设计符号出现在各个物品上，小到徽章，大到门店。视觉形象配色的主基调被设定为亮眼的蓝色，传递出健康、年轻、鲜活的信息。

除此之外，设计团队还对旗舰店店面进行了门面装饰上的革新。当顾客走进店内，便会被这种蓝色吸引。地板贴纸也被重新设计，睫毛上流下的泪水变成可爱的池水，这些小的装饰为店面营造出可爱、轻松的氛围。

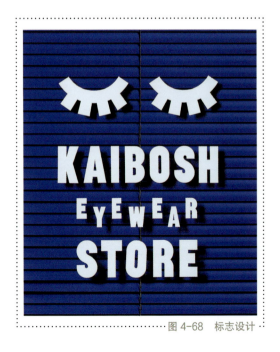

图 4-68　标志设计

图 4-69　图形设计

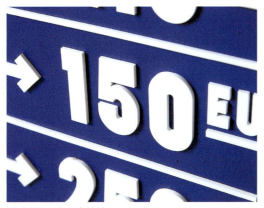
图 4-70 价目表设计

图 4-71 门牌设计

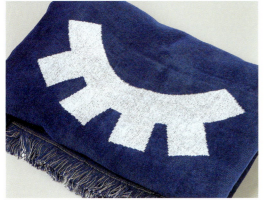
图 4-72 标志在围巾中的应用

图 4-73 标志在衣服中的应用

图 4-74 海报设计

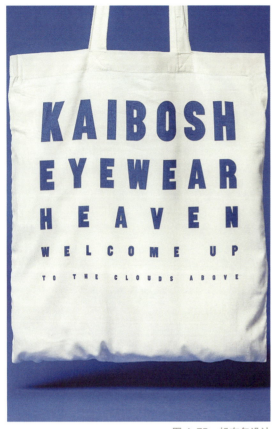

图 4-75　帆布包设计

图 4-76　宣传立牌设计

图 4-77　标志在宣传立牌中的应用

图 4-78 标志在门店中的应用

图 4-79 地板贴纸的应用 1

图 4-80 地板贴纸的应用 2

红猫运动公司 | Red Cat Motion

国家：法国

机构类型：产品与服务销售类

红猫运动公司（Red Cat Motion）成立于2013年，是法国一家通过品牌视觉故事、视频营销、信息图和视觉创意将品牌与受众联系起来的视频代理公司。该公司提供创造性的沟通策略和动画故事，公司调性既理性又感性。

设计师Bratus以坚强、大胆、可信赖、创新和充满活力这几个特征来塑造红猫运动公司全新的品牌形象。设计师将这些特征与新品牌理念进行整合，最大程度上提高公司的曝光率。

红猫运动公司的视觉形象与众不同且充满活力，衍生品包括一整套文具。其大胆的排版和吉祥物"豹"高度契合，体现出豹矫健的动态。衍生品中的镂空吉祥物"豹"的形象，通过光影产生极其丰富的变化。

图4-81 标志设计

图4-82 图形的应用

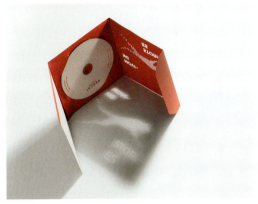

图 4-83　光盘包装设计 1

图 4-84　光盘包装设计 2

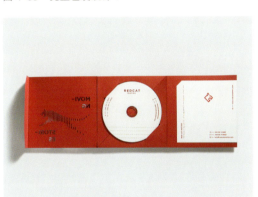

图 4-85　光盘包装设计 3

图 4-86　光盘包装设计 4

图 4-87　衍生品设计

图 4-88 标志与辅助图形在办公用品中的应用 1

图 4-89 标志与辅助图形在办公用品中的应用 2

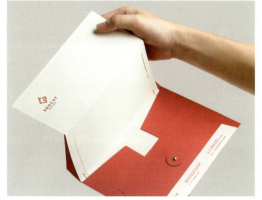

图 4-90 标志在信封中的应用

图 4-91 标志与辅助图形在信封中的应用

图 4-92 镂空工艺与光影结合 1

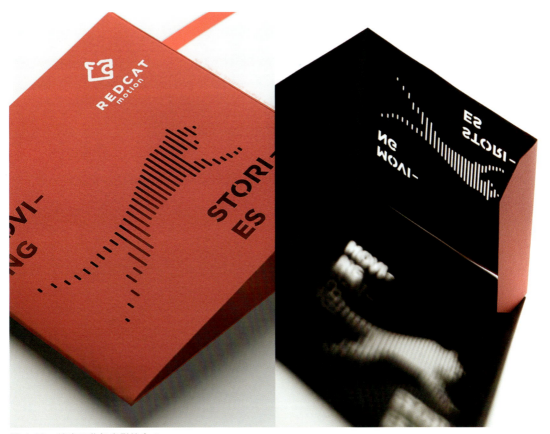

图 4-93 镂空工艺与光影结合 2

图 4-94 镂空工艺与明信片结合 1

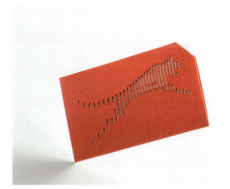

图 4-95 镂空工艺与明信片结合 2

图 4-96 标志在光盘包装中的应用 1

图 4-97 标志在光盘包装中的应用 2

西班牙电信公司丨Telefónica

国家：西班牙
机构类型：产品与服务销售类

西班牙电信公司（Telefónica）创立于1924年，是西班牙一家大型跨国电信公司，同时它也是世界上最大的固定线路和移动电信公司之一。公司总部位于西班牙马德里，主要在西班牙本国和拉丁美洲运营，业务遍及欧洲、非洲、美洲的23个国家及地区。

在2021年4月23日召开的股东大会上，西班牙电信公司总裁宣布公司将启用新的标志，以向20世纪80年代公司使用过的标志形象致敬。这个新视觉形象由西班牙电信公司内部团队与Superunion（超级联盟）设计团队合作设计。

1984~1998年，西班牙电信公司的标志是由10个绿色圆点排列成的大写字母"T"，图形的外部环绕一个蓝色的圆环。而新推出的标志则继续使用了这一表现形式，但圆点的数量缩减为5个，在致敬历史的同时展现出更加精简的现代视觉形象。5个圆点含义也比较丰富，既代表公司历史上的第5个标志，也代表了公司的5个支柱，即电信、转型、技术、人才和超越。标志色彩统一更新为蓝色，展现出技术感和现代性，还反映了该公司的领导力、潜力和对未来的展望。除此之外，西班牙电信公司还启用了一款全新的品牌定制字体，这款无衬线字体和新标志一起打造了西班牙电信公司时尚、现代的品牌形象。

图4-98 标志设计

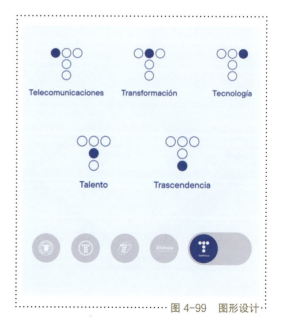

图4-99 图形设计

ABCDEFGHIJKLM NOPQRSTUVWXYZ
abcdefghijklmnopqrstuvwxyz
1234567890

图 4-100　标准字

图 4-101　标志在电缆系统中的应用 1

图 4-102　标志在电缆系统中的应用 2

图 4-103　应用程序界面设计 1

图 4-104　应用程序界面设计 2

图 4-105　户外广告 1

图 4-106　户外广告 2

图 4-107　海报设计 1

图 4-108　海报设计 2

王国公司 | Realm

获取动态案例

国家：美国

机构类型：产品与服务销售类

Realm（王国公司）原名Serial Box（串行盒公司），成立于2015年，是美国一家制作原创小说播客和有声读物的音频娱乐公司。公司成立5年后，设计团队为Realm重新设计了一套视觉识别系统。Realm意在为听众打造一个科幻世界的精神避难所，让他们得以在此开启"逃避现实""构建美好心理世界"的旅程。这套新视觉系统也围绕着这种神秘梦幻的氛围进行构建。

新标志选用的字体带有友好、奇特的风格特征，同时，这套字体用于书籍设计，表明这是一个讲故事的载体。设计团队希望观众们一起跳入"兔子洞"，沉浸在有声故事的魔力世界中。IP形象设计由"Realm"的首字母"R"变形而来，整体圆润和缓，还有一丝俏皮与可爱。将IP形象融入标志中，让其伴随着听众的音频旅程，带给听众独一无二的感受。

不同于社交类软件常用蓝色作为视觉颜色，设计团队将紫色定为这一科幻播客软件的主视觉颜色。设计团队表示，图形的创意灵感源自魔术、能量以及擅长处理光与空间关系的现代艺术家詹姆斯·特瑞尔（James Turrell）的设计风格。紫色带给人魔幻、灵性、有创造力和未来感的想象。在手机的深色模式下，背景颜色变化为黑色，图形符号的色彩转变为具有强对比的橙、紫色，产生一种奇特又醒目的视觉效果。同时，运用圆形、菱形、拱形、弹簧状的图形，并对这些图形进行发光、放射、渲染等色彩处理，模拟了一种未来世界云谲波诡的建筑风格。图形符号边缘的弧形处理，象征着进入抽象领域的入口，带有强烈的神秘主义色彩。

图 4-109　标志设计

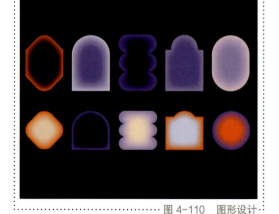

图 4-110　图形设计

图 4-111　动态标志

图 4-112　应用程序界面设计

图 4-113　标志在音响包装中的应用

图 4-114　标志与辅助图形　　　图 4-115　图标设计　　　图 4-116　名片设计

图 4-117　标志在帆布包中的应用

八点钟睡眠公司 | Eight Sleep

国家：美国

机构类型：产品与服务销售类

八点钟睡眠公司（Eight Sleep）成立于2014年，是美国一家健康睡眠调理公司，旨在设计和健康睡眠相关的产品来帮助人们提高睡眠质量。该公司的第一个产品为"智能床"，它能够帮助用户获取个人的睡眠信息、收集用户的生物特征信号，并且该产品具有集成的加热器和智能警报器，可以在睡眠周期的最佳时间唤醒用户。

该公司引入了一个新的标志，由总部位于纽约的 Interesting Development（有趣发展）设计团队设计。新标志相较于旧标志，取消了月亮这一视觉元素，取而代之的是一个鲜明的"8"，原先的英文单词"EIGHT"被设置为粗体，并加入表示睡眠的英文单词"SLEEP"，以此突出公司的经营理念。英文名称"EIGHT SLEEP"的字体边角较为方正，与阿拉伯数字"8"柔和、圆润的边角处理形成鲜明对比，给人以较强的视觉冲击。对阿拉伯数字"8"的条形化设计也使得新视觉形象具有形式感和现代性。在色彩应用方面，采用黑白两色，黑色的背景与白色的字体也象征着白天和黑夜，符合公司产品特性。

在应用方面，该公司的海报设计大量采用深色背景，暗示人类睡眠的空间与环境。应用程序在颜色方面一改以往的黑白配色，采用蓝紫渐变色，富有时代感和科技感，符合科技公司以及其产品智能化的特征。

图 4-118　标志设计

图 4-119　图形设计

图 4-120　标准字的应用

图 4-121　标志与辅助图形在包装中的应用

图 4-122　标志与辅助图形在场景中的应用

图4-123 应用程序界面设计1

图4-124 应用程序界面设计2

图4-125 应用程序界面设计3

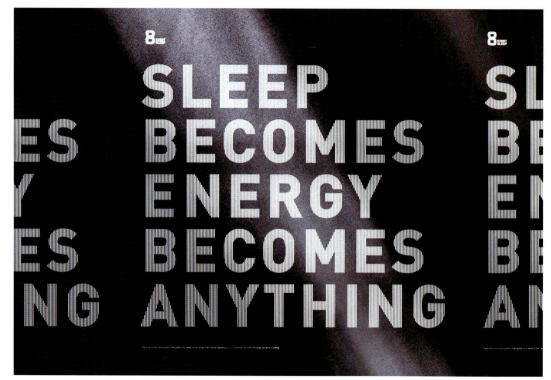

图4-126 字体设计

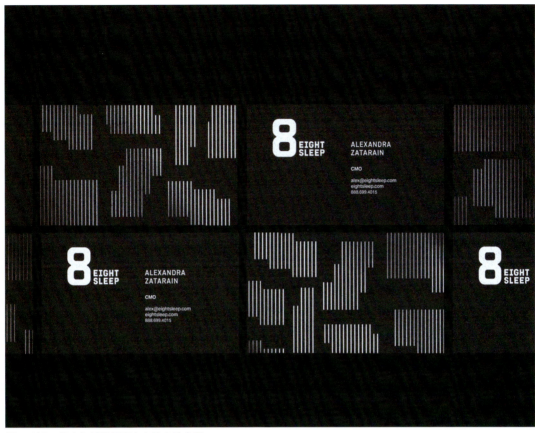

图 4-127 标志与辅助图形在名片中的应用

图 4-128 海报设计

推特丨Twitter

国家：美国

机构类型：产品与服务销售类

推特（Twitter）是美国一家专注社交网络及微博服务的公司，致力于服务公众交流。它可以让用户更新不超过140个字符的消息（除中文、日文和韩文外已提高上限至280个字符），这些消息也被称作"Tweet"（推文），"Twitter"被形容为"互联网的短信服务"。这个服务是由杰克·多西（Jack Dorsey）在2006年3月与合伙人共同创办并在当年7月启动。

为了适应如今更加复杂、频繁的线上网络交流，该公司用类似于泼满油漆的照片宣布其已有5年历史的品牌标志现已更新。

新的视觉形象是由推特的内部创意团队与法国巴黎Irradié（辐射）设计工作室合作完成，包括图像、字体、动画等全新视觉形象。需要强调的是，尽管经典"鸟"标志的图案并没有改变，但创意团队更想大玩"这只鸟是如何出现"的视觉游戏。他们将传统纹理与现代形式相结合，采用撕毁的海报、挥洒的油漆、潦草的文字和褪色的图像组成了全新的推特视觉形象。此外还和瑞士字体设计工厂合作专为推特设计了一套灵活大胆、富有表现力且敏捷有趣的Chirp字体，一种充满现代感知国际感的无衬线字体。

图4-129　标志设计

图4-130　图形设计

图 4-131　网页设计 1

图 4-132　网页设计 2

图 4-133　网页设计 3

图 4-134　网页设计 4

图 4-135　网页设计 5

大胃城美食广场 | Gastropolis Food Market

国家：亚美尼亚

机构类型：产品与服务销售类

大胃城美食广场（Gastropolis Food Market）是亚美尼亚一个现代美食广场，广场内提供各种类型的美食。设计团队的挑战是为这个多元化的品牌开发视觉识别系统，经过深入的思考，设计团队基于"形式也是交流语言"这一理念进行品牌设计。

设计团队希望使用简单的形状和易读的内容来创建品牌标志，"一圈两线"与"盘子餐具"具有相同的视觉特征，因此大胃城美食广场的品牌由一个圆圈和两个线条组合而成，形成一个具有几何形状的视觉标志。简洁的竖状线条和圆形线条成为该品牌形象设计语言的源头，辅助图形也由此延伸出来。圆圈与线条的排列组合具有多样性，设计团队将圆圈与两线分解，对其重新组合搭配，形成新的图形——咖啡豆、咖啡杯与筷架等。这与七巧板的构思类似，通过组合基本图形的构成元素可以演变出各种具有实际意义的图形，也可以通过多种动态变化，利用相同的形状创造出截然不同的图形，以此打造该品牌庞大的视觉系统。

该品牌的字体设计为无衬线加粗字体，符合品牌的现代化特征，加粗的字体形式与图形标志衔接得当，风格一致。设计公司选择黑色、白色作为视觉系统的主色，辅助色是半透明盒子中各式各样食材的颜色。食材天然的色彩与肌理同黑白色的外包装形成鲜明对比，具有强烈的品牌风格，区别于现代市场中大量色彩绚烂的食品品牌，强化了该品牌的市场竞争力，使其脱颖而出。

图 4-136　标志设计

图 4-137　图形设计

图 4-138　标志与辅助图形在包装设计与海报中的应用 1

图 4-139　标志与辅助图形在包装设计与海报中的应用 2

图 4-140　标志与辅助图形在包装设计与海报中的应用 3

图 4-141　标志与辅助图形在包装设计与海报中的应用 4

图 4-142　标志与辅助图形在包装设计与海报中的应用 5

图 4-143　标志与辅助图形在包装设计与海报中的应用 6

图 4-144　标志与辅助图形在包装设计中的应用

图 4-145 标志的变体

图 4-146 户外广告

图 4-147 导视设计

图 4-148 购物单设计

图 4-149 海报设计 1

图 4-150 海报设计 2

阿莫巴克旅行社 | Amoembarque

国家：西班牙

机构类型：产品与服务销售类

阿莫巴克旅行社（Amoembarque）希望塑造一个现代的、独特的视觉形象，并且能够展现旅行社的主要发展目标——提供难忘的旅行体验。因此，旅行时的美好体验成为设计标志的灵感。

Laztro（拉兹特罗）设计团队为了构建符合该旅行社特征的标志，使用了一个代表位置的图形符号，这个符号在大众认知中具有"定位、到达某地"的含义，契合了旅行社"各地游走"的主要特征，与设计灵感中"旅行"的概念相呼应。除此之外，将箭头形状作为标志的第二个元素，放进主要符号内，创造出一颗心的形象，呼应了"用心去体验旅行，产生美好感受"的概念。这两个元素的碰撞表达出"用心回忆旅行之地"的想法，赋予了标志更多的生命力。

"Amoembarque"为葡萄牙语，意为"我爱登机"，"Amo"（我爱）对应旅行中产生的美好感受，与标志中的爱心相关联；"Embarque"（登机）则对应去往各地的旅行经历。因此，标志中的字体也用颜色区分为白色与绿色两部分，与对应的内容相匹配。在字体设计方面，线条流畅而圆润，暗含着与旅行相关的放松、愉悦、浪漫的美好感受，字母"e"的向上倾斜处理，表示"起飞"的含义，与"Embarque"（登机）形成呼应。

除了旅行社标志外，设计团队还创造了纹理图案，象征着多元文化，显示出该旅行社与世界各地密切的交流与沟通，丰富的纹理图案也是周边产品设计中的重要元素。视觉系统设计方面采用了代表活力、冒险的绿色及神秘、浪漫的紫色，这与旅行社的发展目标一致。

图 4-151　标志设计

图 4-152　图形的应用

图 4-153　标准字的应用

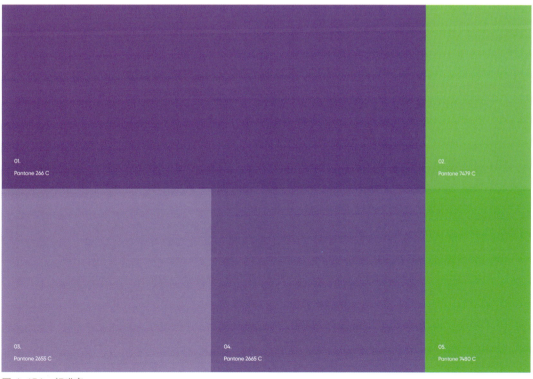

图 4-154　标准色

图 4-155　标志与辅助图形在办公用品中的应用

图 4-156　辅助图形在文件夹中的应用

图 4-157　辅助图形在沙发与抱枕中的应用

图 4-158　辅助图形在手机壳中的应用

图 4-159　旅行指南设计

产品与服务销售类机构品牌形象设计思维发散

1. 产品与服务销售类机构品牌形象的视觉设计原则是什么?

2. 产品与服务销售类机构品牌的产品包装设计方法有哪些?

3. 产品及服务销售类标志、标准字、标准色的设计程序是什么?

图 4-160 标志与辅助图形的衍生应用

获取完整案例

第 5 章　非营利组织类机构品牌形象设计

格鲁吉亚妇女慈善基金会 | Georgian Women's Charitable Foundation

国家：格鲁吉亚

机构类型：非营利组织类

格鲁吉亚妇女慈善基金会（Georgian Women's Charitable Foundation）的核心理念为"纯洁的心（Pure Hearts）"，旨在支持和帮助患癌症的妇女和儿童。该基金会的品牌形象设计要求能够增强该基金会在各种传播途径中的公信力，并且反映基金会的核心价值观——善良、团结和互助。

设计师在设计标志时寻找能够反映格鲁吉亚特征的元素和符号，并且必须具有现代化的特征，以满足增强公信力以及易于识别的目的。格鲁吉亚国旗中的视觉元素符合这一设计的要求，于是设计师选取国旗中的四个十字架之一作为设计元素。十字架的上半部分被改为一个圆圈，形成了一个女性形象，代表基金会服务的主要人群。十字架的两侧和底部设计为类似连衣裙或萨拉凡（萨拉凡指无袖连衣裙，是格鲁吉亚的传统民族服装），同样强调服务对象的特征。这个女性形象的臂膀张开，象征着开放。

在色彩选择方面，红色与蓝色对比鲜明、简洁大方、美观而且具有可识别性。辅助图形由标志图案组合而成，被塑造成手拉手的连续图案，象征着团结和互助。

图 5-1　标志设计

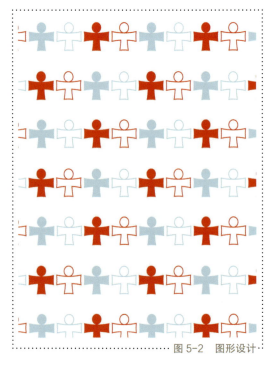

图 5-2　图形设计

图 5-3　标志在徽章中的应用

图 5-4　标志与辅助图形在徽章中的应用

图 5-5　海报设计

图 5-6　标志与辅助图形在帆布包中的应用

图 5-7　文字与辅助图形在 T 恤中的应用 1

图 5-8　文字与辅助图形在 T 恤中的应用 2

气候变化委员会 | Climate Change Committee

国家：英国
机构类型：非营利组织类

英国《气候变化法案》于2008年正式通过并生效，该法案承诺，2050年英国的温室气体排放量在1990年的基础上减少80%，并确定了今后5年的碳排放预算。在通过法案的同时，英国还成立了一个独立的气候变化委员会（Climate Change Committee），该委员会就如何达成碳减排80%的目标向英国政府提供了建议。

2020年，该委员会引入一个由伦敦Templo设计团队设计的全新视觉形象。原有的标志由一个3C图形构成，但其问题是图形与字体的大小很不协调。另外，在配色方面也略显柔和，不鲜明且没有力量感，没有为机构在视觉上增添吸引力。新标志对3C概念进行另一种尝试，将三个抽象的球体切成两半，并采用不同深浅的黄色与紫色，半圆图形也进行了肌理效果的处理，从左到右不透明度降低，预示着地球正在降温。

配色方面，紫色和黄色会给人一种警示的感觉，而这种感觉正是旧标志所欠缺的，这种配色为品牌形象的塑造提供了一个有趣的基调。此外，设计团队也将研究团队调查出的气象结果与报告进行了可视化设计。

图5-9　标志设计

图5-10　图形设计

图 5-11 版式设计

图 5-12 标志与辅助图形在帆布包中的应用

图 5-13 海报设计

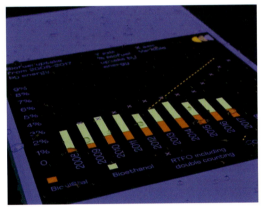

图 5-14 应用程序界面设计

图 5-15 视觉识别系统设计

瑞典手工业协会丨Hemslöjden

国家：瑞典

机构类型：非营利组织类

瑞典手工业协会（Hemslöjden）是一个非营利性组织。该协会通过教学、讲座在瑞典各地推广手工艺，其为响应工业化进程而设立，拥有100多年的历史，旨在通过促进文化和手工业之间的关系来确保手工艺品的生存和发展。Snask（斯纳斯克）设计团队为该协会塑造了新的视觉形象，将17000多人、60个社团、22个地区办事处和8家商店的协会成员统一到一个系统中，能够帮助大众对手工业协会有所认知，此外也利于扩大手工艺品的影响力。

该协会的主标志源于名称中的首字母"H"，通过字形的分割让标志呈现出立体的三维画面，标志创意就在于按照图形的分割区域，采用不同的肌理或构成方法对字母"H"进行填充或编织，赋予了标志真实的物理属性。此设计巧妙地反映了不同工艺、材料在手工艺品中结合的特点，既包括那些精细工艺，也包括需要耗费更多气力的工艺。

该协会视觉系统的辅助图形由手工制作过程中所需要的各种"工具"组成，并通过恰当的正负形组合形成一个丰富的视觉画面。这种设计方法既保留了单个图形符号的可识别性，又能融合各个符号于整体画面中。整个品牌视觉形象向大众传达了手工业的多样性，打破了大众对手工业的刻板印象。

图 5-16　标志设计

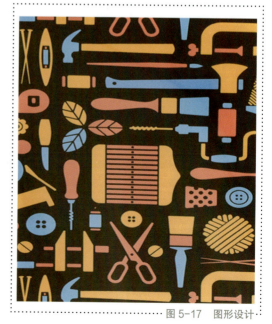

图 5-17　图形设计

图 5-18　图形设计、标准色与海报设计

图 5-19　标志与辅助图形在帆布包中的应用

莫索利·奥顿基金会 | The Mosoli Orton Foundation

获取动态案例

国家: 匈牙利
机构类型: 非营利组织类

莫索利·奥顿基金会(The Mosoli Orton Foundation)是匈牙利的一个公益组织,为自闭症患者提供展示他们作品的机会,分享他们的个人故事,以及销售艺术作品来帮助自闭症患者表达自我。该基金会认为每个自闭症患者都是与众不同的,是应当被尊重的。

品牌视觉形象设计的灵感来自一扇打开的窗户。泰戈尔曾说:"天空没有留下翅膀的痕迹,而我已飞过。"通过这扇窗户的隐喻,暗示自闭症患者需要打开的心扉。主标志autistic art(自闭症艺术)的设计沿着窗户边缘右侧的延展线设置了阴影区域,使得窗户瞬间变成了一台正在工作的放映机,并将autistic art这个主题单词呈现在放映区域中。底色选用互补的红、绿色,不仅有很好的吸引力,而且还轻松地将主标志衬托出来。

由于自闭症患者这一群体对细节的极度关注,使得他们在数学、艺术等领域有异于常人的天赋,但伴随自闭症患者的还有严重的社交问题以及沟通障碍。基于这一点,设计者还为该基金会设计了一个动态的标志,将自闭症患者的绘画以动画的方式通过主标志中的放映机呈现在观者眼前。从人体感官中的视觉入手,激发观者的感官机能,让观者能够不通过解说或者不与艺术家本人接触就能快速欣赏到自闭症艺术的美。该标志还尝试与其他不同种类的产品进行结合,让人们看到自闭症人群艺术创造的无限可能,亦淋漓尽致地将"可爱、大胆、富有灵性"的一面展示给世界。

该基金会的视觉形象能够在多种产品与媒介中使用,并且让人们重新认识自闭症人群的艺术创造力,为自闭症患者融入社会提供了更多的机会。

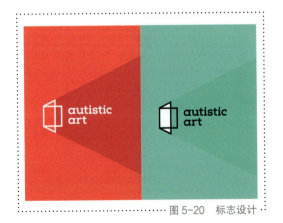

图 5-20 标志设计

图 5-21 图形设计

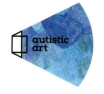 

图 5-22　标志与图形的结合设计

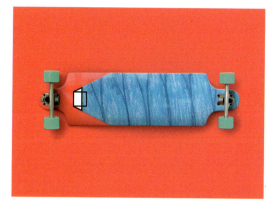

图 5-23　标志与辅助图形在滑板中的应用

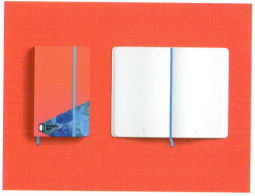

图 5-24　标志与辅助图形在文具中的应用

图 5-25　标志与辅助图形在酒包装中的应用

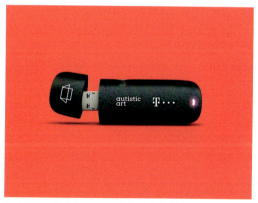

图 5-26　标志与辅助图形在U盘中的应用

图 5-27　标志与辅助图形在产品中的应用

全球儿童基金会 | Global Fund for Children

国家：英国
机构类型：非营利组织类

全球儿童基金会（Global Fund for Children）是英国一个专门帮助儿童和青少年充分发挥潜力并保护其权益的公益组织。此次设计的目的是塑造一个反映企业使命以及价值观的品牌形象。

全球儿童基金会在不同的领域帮助儿童和青少年改变生活，包括教育、性别平等、青少年权益以及免受暴力和剥削。辅助图形元素的创建来源于这些不同的领域，标志设计以简约大方的字体设计为主，强调机构的权威性及稳重感。

标准色的选择符合儿童的心理特性，选择对比强烈的色彩，如红与绿、黄与紫这些互补色。在色彩上，选用高明度、高饱和的颜色，暖色、高对比度色彩可以使人产生欢快、明朗、兴奋的心情。色彩的选择与该基金会的文化理念以及所传播的内容匹配。

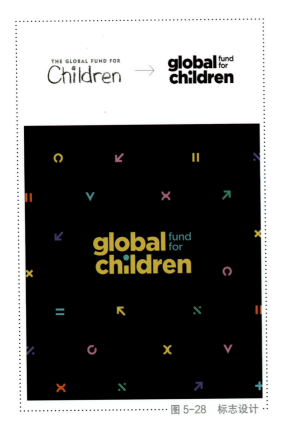

图 5-28　标志设计

图 5-29　图形设计

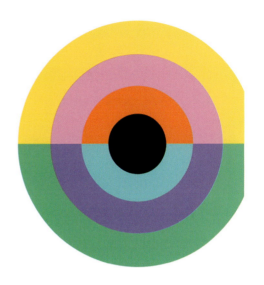

图 5-30　标准色

图 5-31　标准色在标志中的应用

PROXIMA NOVA

ABCDEFGHIJKLMNOPQRSTUVWXYZ
abcdefghijklmnopqrstuvwxyz
0123456789(+:;?/)

图 5-32　标准字 1

Freight Text

ABCDEFGHIJKLMNOPQRSTUVWXYZ
abcdefghijklmnopqrstuvwxyz
0123456789(+:;?/)

图 5-33　标准字 2

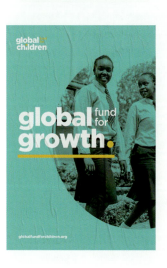

图 5-34　海报设计

非营利组织类机构
品牌形象设计思维发散

1. 非营利组织类机构的品牌形象设计可以借助哪些材料与媒介?

2. 为非营利组织类机构的品牌形象设计导视系统时应考虑哪些因素?

3. 非营利组织类机构在品牌形象设计中如何体现其服务性?

图 5-35 辅助图形在书籍中的应用

获取完整案例

第 6 章　旅游景区类机构品牌形象设计

新横滨公园 | Shinyoko Park

国家：日本

机构类型：旅游景区类

新横滨公园（Shinyoko Park）是日本横滨市最大的都市型运动公园，2019 年橄榄球世界杯就曾在此举行。该体育场还用于 2020 年东京奥运会足球项目的比赛。公园除了拥有户外运动所用到的休闲设施、游泳池之外，还拥有会议室、餐厅、商店、草坪等区域，深受人们的喜爱。

新横滨公园想要通过品牌形象设计加深与游客的交流，因此设计团队致力于将该公园打造为"每个人都喜欢的，充满多样性和创造力的游乐场"。设计团队将新横滨公园的整体区域块面进行图形设计，并大胆地将整个区域的鸟瞰图概括成一只长耳朵的小狗形象，在小狗形状上叠加"SHINYOKO PARK"字样。在设计色彩上选择了代表自然与生机的绿色。小狗的眼睛、鼻子、嘴巴与"SHINYOKO PARK"完美对应在一起，整个标志设计趣味性十足，"ShibaInu"（草地狗）就这样诞生了。小狗造型作为辅助图形被用作该公园的标志设计以及衍生商品设计，效果出彩。

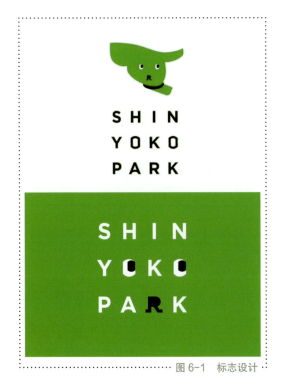

图 6-1　标志设计

图 6-2　图形设计

图 6-3 "新横滨公园"鸟瞰图

图 6-4 标志灵感来源

图 6-5 标志在 T 恤中的应用 1

图 6-6 标志在 T 恤中的应用 2

图 6-7 衍生品设计

图 6-8　标志在标签中的应用

图 6-9　标志在手提袋中的应用

图 6-10　标志在水杯中的应用

图 6-11　标志在钥匙扣中的应用

图 6-12　标志与辅助图形在毛巾中的应用 1

图 6-13 标志与辅助图形在毛巾中的应用 2

图 6-14 标志与辅助图形在毛巾中的应用 3

图 6-15 标志与辅助图形在毛巾中的应用 4

德温特山谷 | Derwent Valley

国家：澳大利亚
机构类型：旅游景区类

德温特山谷（Derwent Valley）是澳大利亚著名的旅游景点，距离澳大利亚塔斯马尼亚州的行政中心霍巴特只有40min的车程，拥有澳洲壮观并且秀丽的景色。设计团队面临的挑战是为该地区开发一个能够吸引访客的视觉系统，并能够将德温特山谷与塔斯马尼亚的其他地区区分开。

For The People设计团队为德温特山谷设计了一系列全新的视觉形象。由于澳大利亚独特的地理风貌，使它拥有"地球活化石"的称号。基于这一点，在标志设计中融入了其地势特征，在字体中多呈现蜿蜒弯曲状，意在呼应德温特河的曲折。设计团队为其创作的系列插画，每一张都代表了一个故事，总共9张，构成了德温特山谷的"自然真相"，它们在视觉上富有表现力，造型独特，细节丰富。

在设计应用中，由于其丰富的环境素材支撑，视觉元素以多种不同的方式展开，有时以创意图形为主导，有时以插画为主导，但它们都保持了品牌的整体性，在视觉上既丰富又统一。

图6-16 标志设计

图6-17 图形设计1

图 6-18　图形设计 2

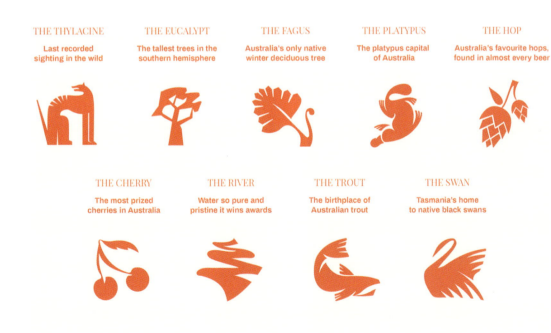

图 6-19　图形设计 3

图 6-20　标志与辅助图形在 T 恤中的应用

图 6-21　辅助图形的应用 1

图 6-22　辅助图形的应用 2

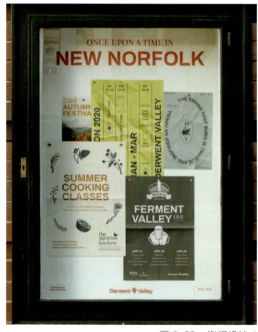

图 6-23　海报设计 1

图 6-24　海报设计 2

图 6-25　标志在帆布包中的应用

图 6-26　标志与辅助图形在旅游指南中的应用

图 6-27　旅游指南

列宁格勒动物园 | Leningradsky Zoo

获取动态案例

国家：俄罗斯

机构类型：旅游景区类

列宁格勒动物园（Leningradsky Zoo）是俄罗斯最古老的动物园之一，它拥有来自世界各地的900多种动物。2000年初时，列宁格勒动物园不仅受到当地人的欢迎，也受到世界各国游客的青睐。但现在列宁格勒动物园的受欢迎程度却远不如其竞争对手，这不仅是因为其缺乏宣传，还与其老旧的品牌形象视觉系统有关，原有的动物园网站和平常无奇的标志已经无法吸引游客。因此，园方决定更新动物园品牌形象，目的是把动物园变成城市旅游地图上一个吸引人的地方。

全新品牌形象在设计初期就打破了人们对传统动物园的刻板印象。在新标志的设计中，将"连续性"和"通用性"两个理念结合起来。在标志中保留了动物园深入人心的形象——早在20世纪30年代就出现在列宁格勒动物园的白色泰迪熊。在字体部分，将俄语和英语两种语言结合起来，使本地游客和外国游客都能迅速识别出标志并理解意思。

圣彼得堡少有晴天，因此灰色天空下的动物园就需要增添一些明亮的色彩，所以设计团队在标准色的选择上，使用了一套色彩鲜艳的方案，其中主要配色为蓝色，这是涅瓦河河畔城市的传统颜色。新的字体设计更加柔和，配合卡通熊的标志形象，让人不禁想要拥有一个自己的毛绒玩具。此外，设计团队还设计了一系列的动物插图，包括狮子、长颈鹿、猴子、火烈鸟、鳄鱼和羊驼等。

图6-28 标志设计

图6-29 图形设计

图 6-30　旧标志

图 6-31　新标志

图 6-32　标志与辅助图形在门票中的应用

图 6-33　辅助图形在冰激凌包装盒中的应用

图 6-34　标志在游览注意事项上的应用

图 6-35　标志在 T 恤中的应用

图 6-36　辅助图形在帆布包中的应用

图 6-37　标志与辅助图形在工作牌中的应用

图 6-38　标志与辅助图形在文件袋中的应用

图 6-39　户外广告

旅游景区类机构
品牌形象设计思维发散

1. 户外旅游品牌在进行延伸图形的设计时可以从哪些方面着手？

2. 为动物园的品牌形象进行推广设计时应如何表现？

3. 旅游景区如何利用地域文化或历史特征进行视觉形象设计？

图 6-40　标志与辅助图形在生活场景中的应用

获取完整案例

参考文献

[1]刘泽梅. 创造现代企业形象的新战略——CI策划与设计 [M]. 北京：新华出版社，2018.

[2]常利群. 品牌形象设计 [M]. 北京：北京理工大学出版社，2017.

[3]周旭. CI设计[M]. 第3版. 长沙：湖南大学出版社，2016.

[4]吴东，张倩. 品牌形象设计 [M]. 沈阳：辽宁美术出版社，2017.

[5]喻荣，宗林，孙明海. 标志与品牌 VI 设计 [M]. 武汉：华中科技大学出版社，2018.

[6]孙大旺. 品牌设计零距离[M]. 上海：同济大学出版社，2016.

[7]焦燕. CI设计[M]. 北京：中国轻工业出版社，2015.

[8]赵文，朱华. 品牌形象设计 [M]. 合肥：合肥工业大学出版社，2015.

[9]华玉亮，芮顺淦. 企业形象设计 [M]. 上海：上海交通大学出版社，2013.

[10]孙大刚，周丽婷，刘付. 品牌形象设计[M]. 济南：山东教育出版社，2012.

本书内容的电子课件请联系 juanxu@126.com 索取。